Cuidar da Casa Comum

Dados Internacionais de Catalogação na Publicação (CIP)
(Câmara Brasileira do Livro, SP, Brasil)

Boff, Leonardo
  Cuidar da Casa Comum : pistas para protelar o fim do mundo / Leonardo Boff. – Petrópolis, RJ : Vozes, 2024.

  ISBN 978-85-326-6660-4

  1. Conservação da natureza 2. Ecologia 3. Natureza – Influência do homem I. Título.

23-178774   CDD-577

Índices para catálogo sistemático:
1. Ecologia   577

Aline Graziele Benites – Bibliotecária – CRB-1/3129

LEONARDO BOFF

Cuidar da Casa Comum

PISTAS PARA PROTELAR O FIM DO MUNDO

EDITORA VOZES

Petrópolis

© by Animus/Anima Produções Ltda.
Caixa Postal 92.144 – Itaipava
25741-970 Petrópolis, RJ
www.leonardoboff.com

Direitos de publicação em língua portuguesa:
2024, Editora Vozes Ltda.
Rua Frei Luís, 100
25689-900 Petrópolis, RJ
www.vozes.com.br
Brasil

Todos os direitos reservados. Nenhuma parte desta obra poderá ser reproduzida ou transmitida por qualquer forma e/ou quaisquer meios (eletrônico ou mecânico, incluindo fotocópia e gravação) ou arquivada em qualquer sistema ou banco de dados sem permissão escrita da editora.

CONSELHO EDITORIAL

Diretor
Volney J. Berkenbrock

Editores
Aline dos Santos Carneiro
Edrian Josué Pasini
Marilac Loraine Oleniki
Welder Lancieri Marchini

Conselheiros
Elói Dionísio Piva
Francisco Morás
Gilberto Gonçalves Garcia
Ludovico Garmus
Teobaldo Heidemann

Secretário executivo
Leonardo A.R.T. dos Santos

PRODUÇÃO EDITORIAL

Aline L.R. de Barros
Marcelo Telles
Mirela de Oliveira
Otaviano M. Cunha
Rafael de Oliveira
Samuel Rezende
Vanessa Luz
Verônica M. Guedes

Conselho de projetos editoriais
Isabelle Theodora R.S. Martins
Luísa Ramos M. Lorenzi
Natália França
Priscilla A.F. Alves

Editoração: Maria da Conceição B. de Sousa
Projeto gráfico: Monique Rodrigues
Revisão gráfica: Anna Carolina Guimarães
Capa: Adriana Miranda

ISBN: 978-85-326-6660-4

Este livro foi composto e impresso pela Editora Vozes Ltda.

Dedico este livro aos membros do Instituto Conhecimento Liberta (ICL) e ao seu animador principal, Eduardo Moreira. Este instituto fez algo absolutamente inédito em nosso país: oferecer quase uma centena de cursos, seja por preços baixíssimos, seja por bolsas solidárias. Além disso, faz comentários ético-políticos sobre a situação do mundo e do Brasil com a participação de analistas nacionais e internacionais de grande relevância. Tudo sem qualquer tipo de patrocínio.

Índice

Introdução, 11

Primeira parte – A construção da Casa Comum, 15

1 O fim dos estados-nação e o desafio de construir a Casa Comum, 17
2 Só um outro paradigma civilizatório salvará a vida e a civilização, 24
3 A justa medida garantirá a vida e o Planeta Terra, 31
4 Manter viva a esperança em meio à barbárie atual, 36
5 As utopias minimalistas prevalecem sobre as maximalistas e a missão da religião, 46
6 Uma democracia socioecológica ou ecossocialista, 60
7 Os povos originários se encontram – reencontro da águia e do condor, 64
8 Uma guerra mundial em pedaços?, 69

Segunda parte – A vida do espírito e a ética do cuidado, 75

9 O colapso atual da ética e princípios de seu ressurgimento, 77
10 A vida do espírito e a ética do cuidado face ao alarme ecológico, 83

11 Condições para o bem-estar planetário, 90
12 A importância fundamental da vida do espírito, 113
13 O amor pertence ao DNA do ser humano, 117
14 Princípio-bondade como projeto de vida, 121
15 "Sede misericordiosos como o Pai é misericordioso", 126
16 Podemos dizer o que somos enquanto humanos?, 130

Terceira parte – Estratégias para protelar o fim do mundo, 137

17 Ainda merecemos continuar no Planeta Terra?, 139
18 Advertência de sábios: podemos ir ao encontro de nosso fim, 145
19 Não é impossível o fim da espécie humana, 150
20 Marcos teóricos para entender o que ocorre no mundo, 168
21 Quebra de paradigma: do *dominus* (dono) ao *frater* (irmão/irmã), 174
22 Novos cidadãos: Terra e natureza, sujeitos de direitos, 180
23 Terra e humanidade, unidas na saúde e na doença, 185
24 Como protelar ou evitar o fim do mundo, 190

Quarta parte – Deus, apaixonado amante da vida, 195

25 Não à solidão do Uno; sim à comunhão dos Três, 197
26 Se Deus existe como as coisas existem, então Deus não existe, 202
27 Como Deus surge dentro da nova visão do universo, 207

28 Como matar a saudade infinita de Deus, 210

29 Deus e o sofrimento humano, questão nunca resolvida, 215

30 É possível viver a Páscoa em meio de tantas crises?, 220

31 A conveniência do sacerdócio para as mulheres, 225

32 O coordenador e a coordenadora leigos podem celebrar a Ceia do Senhor?, 230

Conclusão – Sobreviveremos sob a benfazeja luz do Sol, 235

Referências, 237

Introdução

Este texto nasce de um duplo sentimento, tão bem expresso pelo escritor e historiador Romain Rolland e divulgado pelo pensador político italiano Antonio Gramsci: "Sou pessimista com a inteligência, mas otimista com a vontade". Nosso grande escritor Ariano Suassuna resumiu inteligentemente a ambos: "sou um pessimista esperançoso", com o qual me identifico.

Quem segue o curso do mundo com tantas contradições depara-se com a acumulação tresloucada de riqueza junto à pobreza e à miséria por ela provocada; guerras em várias partes do mundo, com grande letalidade; inflexões irreversíveis do regime climático, causando efeitos extremos: ora nevascas nunca havidas, ora estiagens severas; exaustão da biodiversidade; acelerada Sobrecarga da Terra (*Earth Overshoot*), que já não nos oferece os bens e os serviços suficientes para a vida; devastação de inteiros ecossistemas, e, por fim, o risco de uma guerra nuclear, pondo fim à vida humana e da natureza. Todos estes indicadores suscitam em nós o *pessimismo da inteligência* ou nos fazem *pessimistas esperançosos*.

Ninguém – nem os mais sábios, nem os gênios das várias ciências, nem os videntes religiosos mais sérios – pode nos predizer o destino da vida e do Planeta Terra. Estamos em um túnel no qual vislumbramos seu fim, mas aguardando uma luz que nos mostre uma saída salvadora.

Em nós persiste uma esperança imorredoura; uma energia intrínseca à vida, com sua vontade de continuar existindo. Mais do que uma virtude junto a outras, ela é uma fonte da qual jorram continuamente águas cristalinas em forma de novos sonhos, de projetos alternativos e de utopias viáveis.

Essas utopias viáveis nunca vêm de cima, pois de lá surgem sempre o mesmo ou o pior. Elas vêm de baixo, dos sobreviventes da grande tribulação. São estes que inauguram o novo, com uma nova forma de produção comunitária de alimentos orgânicos, maneiras solidárias de repartir os bens produzidos, democracia inclusiva na qual todos participam, cuidado com os bens comuns (*commons*), como terra, água, ar, biodiversidade, florestas, animais... trabalhando sempre a partir da sustentabilidade real.

São estas iniciativas que fundam o *otimismo da vontade*, prevalecendo a vida sobre o lucro, a solidariedade sobre a competição, a preservação da natureza sobre a sua devastação, a participação de todos sobre o individualismo, a democracia socioecológica sobre a democracia meramente representativa, a Terra entendida como um super ente vivo que se organiza sistemicamente, Gaia, que, cuidada, nos dá tudo do que precisamos para bem viver, sobre um conceito utilitarista dela, como algo sem propósito, a nosso dispor e a nosso bel-prazer. A solidariedade, o respeito, a comunhão e a valorização de cada ser, porque possui um valor intrínseco e porque tudo o que existe e vive merece existir e viver junto conosco. Estas devem ser as virtudes predominantes.

Pessimismo e otimismo se enfrentam. Estamos em uma aurora, mas também no lusco-fusco, no qual as trevas se mesclam com a luz nascente, com a esperança de que um sol robusto dissipe as trevas, ilumine nossos caminhos já iniciados e garantam a vida ameaçada neste planeta. Seria o triunfo do otimismo da vontade sobre o pessimismo da inteligência.

E nesta dinâmica desenvolvemos nossos pensamentos, ora pessimistas face ao encontro com o fim de um caminho, ora esperançosos, por serem abertos novos horizontes e por terem sido preservadas as sementes do novo, nas quais tudo está contido: raízes, tronco, galhos, folhas, flores e frutos. Em uma palavra: o futuro esperançador, uma nova fase do Planeta Terra, da história da vida e da aventura humana.

É valiosíssima para nós a herança sagrada que nos legou o melhor dos homens que peregrinou nesta Terra, o Filho do Homem que revelou ser o Filho de Deus e que nos disse: "Vim trazer vida, e vida em abundância" (Jo 10,10). E a tradição sapiencial do último século a.C. nos deixou estas palavras de infinita esperança: "Sim, Tu amas todos os seres e nada detestas do que fizeste; se odiasses alguma coisa, não a terias criado [...] a todos poupas, porque te pertencem, ó soberano amante da vida" (Sb 11,24-26).

Os capítulos seguintes querem animar o otimismo da vontade esperançosa sobre o pessimismo da inteligência desoladora.

Primeira parte

A construção da Casa Comum

1
O fim dos estados-nação e o desafio de construir a Casa Comum

Com o fim da guerra religiosa dos trinta anos (1618-1648), culminando com os tratados de Vesfália (11 ao todo), criou-se uma nova ordem internacional com a formação e a soberania dos estados-nação. Esta ordenação perdura até hoje.

Contudo, mais e mais, essa configuração parece obsoleta. Dois fatos o mostram claramente: o processo de globalização e uma governança global, exigência suscitada pela pandemia da covid-19.

A globalização é um *fato*, e não pode ser reduzida somente à economia. Possuindo um aspecto político, cultural, ideológico, ético e espiritual, ela inaugura uma nova fase da Terra e da humanidade.

Eis que lentamente os povos que estavam no exílio – pois têm sua origem na África – voltaram para se encontrar na única Casa Comum, que é a Terra viva. Porém, o modo de conviver com as diferenças próprias de cada cultura e dos diferentes estados-nação ainda é um ponto não resolvido.

A exigência de uma governança global irrompeu com a intrusão da covid-19, que afetou toda a humanidade. Para um problema global seria necessária uma solução global, formulada a partir de um centro plural de decisões. Nisso, a categoria do Estado-nação se mostrou insuficiente e obsoleta; todos deveriam agir juntos para solucionar um problema coletivo, e não como ocorreu, cada um a seu modo; impôs-se o privilégio do ser mais rico sobre as massas marginalizadas. Impunha-se uma governança global que fosse além da ONU, pois esta se baseia em uma etapa ultrapassada da geopolítica, surgida após a Segunda Guerra Mundial.

Nesta organização, algumas nações têm o privilégio de veto, anulando uma governança realmente mundial que contemple todas as nações. A exigência além-ONU se torna cada vez mais necessária, na medida em que praticamente todos os problemas, especialmente os econômicos, os sociais (riqueza/pobreza) e os ecológicos (aquecimento global) demandam soluções globais, se realmente não quisermos ir ao encontro de grandes catástrofes sociais e planetárias. Impõe-se construir a Terra como Casa Comum, na qual todos tenham o seu lugar, incluindo-se natureza.

Uma peça publicitária de televisão mostra um grupo interétnico cantando: "Minha pátria é a Terra". Nisso se revela um outro estado de consciência que deixou para trás a ideia convencional de pátria e de Estado-nação. Essa fase, ainda vigente, pertence a outra época da história e da consciência. Agora nos confrontamos com fatos novos, descobrimos a Terra como planeta, que deixa para trás a realidade dos estados-nação e da afirmação excludente das identidades nacionais. Precisamos nos tornar cidadãos planetários, construtores da Casa Comum.

Por alguns milhões de anos a espécie humana permaneceu na África. Por isso, de alguma forma, todos somos africanos. Depois ela saiu desse continente e conquistou todo o espaço terrestre, formando vilas, cidades e civilizações. Fernão de Magalhães fez em três anos (1519-1522) a circunavegação da Terra e comprovou empiricamente que ela é de fato redonda (não *plana*, como uma obtusa visão ainda sustenta). Depois da saída e da expansão, chegou o tempo da volta e da concentração, do retorno do grande exílio. Todos os povos estão se encontrando num único lugar: Planeta Terra. Descobrimo-nos, para além das nacionalidades e das diferentes etnias, que formamos uma única espécie, a humana, ao lado de outras espécies da grande comunidade de vida.

A muito custo ainda estamos aprendendo a conviver acolhendo as diferenças sem deixar que se transformem em desigualdades. Importa respeitar a riqueza acumulada pelas nações e etnias, que revela os vários modos de sermos humanos. Estamos diante de um desafio jamais existente: a construção da Terra como Casa Comum. Cresce a consciência de que Terra e humanidade possuem um destino comum. Xi Jinping, chefe de Estado da China, o formulou isso muito bem: temos o dever de construir a "comunidade de destino compartido por toda a humanidade". E o Papa Francisco, na Encíclica *Fratelli Tutti*, cobra um novo pacto mundial entre todas as nações com um projeto coletivo construído sobre a fraternidade universal e o amor social.

O êxito dessa construção nos trará um mundo de paz, um dos bens mais ansiados por todos. Viver em paz, oh que felicidade! Essa paz é que está faltando nos dias atuais. Vivenciamos guerras regionais letais e uma guerra de grandes proporções movida contra Gaia, a Terra viva, nossa Mãe Terra. Ela é atacada em todas as frentes, a ponto de mostrar sua indignação por meio do aquecimento global, do surgimento de vírus e da exaustão de seus bens e serviços (a sobrecarga da Terra), sem os quais a vida corre risco.

Nesse contexto vale revisitar um clássico do pensamento ocidental, o filósofo Immanuel Kant (†1804), um dos primeiros a pensar em uma república mundial (*Weltrepublik*), embora nunca tenha saído de sua pequena cidade: Königsberg, Alemanha. Ela só se consolidará se for instaurada uma *paz perene*. Seu texto famoso de 1795 chama-se exatamente *Para uma paz perene* (*Zum ewigen Frieden*).

Para o filósofo, a paz perene se sustenta sobre duas pilastras: a cidadania universal e o respeito aos direitos humanos. Essa cidadania se exerce primeiramente pela "hospitalidade geral". Precisamente porque, assevera Kant, todos os humanos têm direito a ela e também visitar os vários lugares e os povos que os habitam. *A Terra pertence comunitariamente a todos.*

Contrariamente aos pragmáticos da política, geralmente pouco sensíveis ao sentido ético nas relações sociais, Kant enfatiza: "A cidadania mundial não é uma visão de fantasia, mas uma necessidade imposta pela paz duradoura". Se queremos uma paz perene e não apenas uma trégua ou uma pacificação momentânea, devemos viver a hospitalidade e respeitar os direitos.

Outra pilastra são os direitos universais. Estes, em uma bela expressão de Kant, são "a menina dos olhos de Deus" ou "o mais sagrado que Deus colocou na Terra". O respeito deles faz nascer uma comunidade de paz e de segurança, que põe um fim definitivo "ao infame beligerar".

O império do direito e a difusão da cidadania planetária, expressa pela hospitalidade, devem criar uma cultura dos direitos e da paz, gerando de fato a "comunidade dos povos". Kant enfatiza que esta comunidade pode crescer tanto em sua consciência, que a violação de um direito em determinado lugar poderá ser sentida em todos os lugares, coisa que mais ocorreu com Che Guevara.

Esta visão ético-política de Kant fundou um paradigma inédito de globalização e de paz. Esta resulta da vigência do direito e da cooperação juridicamente ordenada e institucionalizada entre todos os estados-nação e povos.

Diferente é a visão de outro teórico do Estado e da globalização, Thomas Hobbes (†1679). Para ele, a paz é um conceito negativo, significando a ausência de guerra e o equilíbrio da intimidação entre estados e povos. Esta visão funda o paradigma da paz e da globalização assentada no poder do mais forte que se impõe aos demais, e prevaleceu até os dias atuais, ocasionando o mito norte-americano do "destino manifesto", sempre suscitado pelos presidentes. Segundo esse mito, os Estados Unidos seriam o "novo povo eleito" que iria levar ao mundo a democracia, a liberdade, os direitos humanos e o valor supremo do indivíduo.

Este mantra resume tal visão nestes três pontos: um mundo e um só império; cobrir todos os espaços com uma presença econômica e militar; desestabilizar todos os governos que resistem ou se recusam a esses imperativos imperiais.

Não obstante, os Estados Unidos, em razão dos atentados sofridos em seu território, decidiram combater o terrorismo com o terrorismo de Estado. – É a volta ameaçadora do Estado-leviatã, inimigo figadal de qualquer estratégia de paz. Ao seguir essa lógica, não há futuro para a paz nem para a humanidade.

Hoje, somos confrontados com este cenário: se forem ativados os arsenais de armas nucleares pela insanidade de um governante ou pela inteligência artificial, poderá ser o fim de nossa espécie (*Et tunc erat finis*). Teremos tempo e sabedoria suficientes para mudar a lógica do sistema implantado há séculos, que ama mais a acumulação de bens materiais do que a vida? Isso dependerá de nós e de como reagirá a própria Terra.

Temos que voltar ao ideal kantiano de uma república mundial, consoante a *Carta da Terra* (2003), "o lar comum", e o Papa Francisco, "a Casa Comum" (Encíclica *Laudato Si' – Sobre o cuidado da Casa Comum* (2015)). Se nos empenharmos em efetivar este projeto salvador, da Terra como a Casa de toda a criação, ela terá resiliência e a necessária sustentabilidade de vencer todas as agressões sofridas, e continuará a nos dar tudo do que precisamos para viver nela.

Só um outro paradigma civilizatório salvará a vida e a civilização

Vou direto ao ponto: no atual paradigma civilizatório da Modernidade, é possível outra agenda político-social-econômica ou deveremos buscar um outro paradigma civilizatório se ainda quisermos continuar vivendo neste planeta?

Minha resposta se inspira em três afirmações possuidoras de grande autoridade.

A primeira é da *Carta da Terra*, assumida pela Unesco em 2003. Já o seu início assume tons apocalípticos: "Estamos diante de um momento crítico da história da Terra, numa época em que a humanidade deve escolher o seu futuro. [...] A nossa escolha é: ou formar uma aliança global para cuidar da Terra e uns dos outros, ou arriscar a nossa destruição e a destruição da diversidade da vida" (Preâmbulo).

A segunda afirmação severa vem do Papa Francisco na Encíclica *Fratelli Tutti* (2020): "Estamos no mesmo barco, ninguém se salva por si mesmo; ou nos salvamos todos ou ninguém se salva" (n. 32).

A terceira afirmação é do grande historiador Eric Hobsbawm em sua conhecida obra *A era dos extremos* (1994): "Não sabemos para onde estamos indo. Contudo, uma coisa é certa. Se a humanidade quer ter um futuro aceitável, não pode ser pelo prolongamento do passado ou do presente. Se tentarmos construir o terceiro milênio nessa base, vamos fracassar. E o preço do fracasso – ou seja, a alternativa para a mudança da sociedade – *é a escuridão*" (p. 562).

Em outras palavras: o nosso modo de habitar a Terra, que nos trouxe inegáveis vantagens, levou-a ao esgotamento. O semáforo da existência no planeta entrou no vermelho. Construímos o *princípio da autodestruição*, podendo exterminar todas as formas de vida com armas químicas, biológicas e nucleares. A tecnociência nos levou aos limites extremos de suportabilidade do Planeta Terra (*The Earth Overshoot*); ela não tem condições de nos salvar, como demonstrou a covid-19. Podemos "limar os dentes do lobo" pensando ilusoriamente que tiramos sua voracidade. Porém, ela não reside em seus dentes, mas em sua natureza. Forçosamente, os habitantes do planeta precisam ajudá-lo a resgatar o seu equilíbrio e a sua biocapacidade; caso contrário, a vida estará em perigo ainda maior. Faz-se necessária a instauração de um novo paradigma, que seja amigável para com a natureza, que tenha uma ética do cuidado e que estabeleça um laço afetivo com a Terra e com todos os seres que nela existem e vivem.

Portanto, precisamos abandonar o nosso barco e ir à procura de uma nova agenda mundial. Chegamos ao fim do caminho; temos que abrir outro, diferente. Caso contrário, como disse em sua última entrevista, antes de morrer, Zymunt Bauman: "vamos engrossar o cortejo daqueles que rumam na direção de sua própria sepultura".

Dois paradigmas: do *dominus* e do *frater*

Vejo que atualmente há confronto destes dois paradigmas. Por um lado, temos o paradigma do *dominus*, ou em outra formulação: o paradigma da *conquista*, que é a vontade de poder como dominação, formulada pelos pais fundadores da Modernidade. É a dominação de tudo: de povos (como nas Américas, na África e na Ásia), de classes, da natureza, da vida e da matéria, até em sua última expressão energética pelo Bóson de Higgs. Nessa acepção, o ser humano não se sente parte da natureza, mas, na expressão de Descartes, *maître et possesseur* (mestre e possuidor. Nas palavras de Francis Bacon, fundador do método científico moderno e prevalente até os dias de hoje, o homem "deve torturar a natureza como o torturador faz com sua vítima, até que ela entregue todos os seus segredos". Entende-se, assim, a Terra como mera *res extensa* e sem propósito, transformada em um baú de recursos, tidos como infinitos, que permitem um crescimento/desenvolvimento também infinito. Ocorre que hoje sabemos cientificamente que um planeta finito não suporta um projeto infinito. Essa é a grande crise pela qual padece a humanidade: o capital como modo de produção e o neoliberalismo como sua expressão política.

O outro paradigma é o do *frater*: o irmão e a irmã de todos os seres humanos entre si, como também de todos os demais seres da natureza. Nos anos de 1950, Francis Crick e James Watson descobriram que todos os seres vivos possuem os mesmos 20 aminoácidos e as 4 bases nitrogenadas, a partir da célula mais originária que surgiu há 3,8 bilhões de anos, passando pelos dinossauros e chegando até nós, humanos. Por isso, diz a *Carta da Terra* e o enfatiza o Papa Francisco em suas duas encíclicas ecológicas (*Laudato Si' – Sobre o cuidado da Casa Comum* (2015) e *Fratelli Tutti* (2020)). Na *Laudato Si'* ele diz menciona que um laço de fraternidade une a todos nós: "o Irmão Sol, a Irmã Lua, o Irmão Rio e a Mãe Terra" (n. 92). O ser humano, sendo parte da natureza, tem a mesma origem de todos os demais, o *humus* (a terra fértil), de onde se deriva *homo*, enquanto masculino e feminino, homem e mulher.

Se no primeiro paradigma vigora a *conquista e a dominação* (paradigma de Alexandre Magno e Hernán Cortés), no segundo é manifesto o cuidado e a responsabilidade de todos por todos (o paradigma assumido por Francisco de Assis e Teresa de Calcutá).

Figurativamente, podemos dizer que o paradigma do *dominus* é o punho cerrado que submete e domina, já o paradigma do *frater* é a mão estendida que se entrelaça com outras mãos para a carícia essencial e o cuidado de todas as coisas.

O paradigma do *dominus* é dominante, estando na origem de muitas crises, em todas as áreas. O paradigma do *frater* é nascente e representa o anseio maior da humanidade, especialmente das maiorias impiedosamente dominadas, marginalizadas e condenadas a morrer antes do tempo. Ele possui a força da semente, que traz em si raízes, tronco, ramos, folhas, flores e frutos. Por isso, por esse paradigma passa a esperança, como aquela energia indomável que constantemente projeta novos sonhos, novas utopias e novos mundos. Em outros termos, esse paradigma nos faz caminhar na direção de novas formas de habitar a Terra, de produzir, de distribuir os frutos da natureza e do trabalho, de consumir e de organizar relações fraternais e sororais entre os humanos e também com os demais seres da natureza.

A travessia do paradigma do *dominus* para o paradigma do *frater*

Tenho consciência de que aqui se coloca o espinhoso problema da transição de um paradigma para outro. Ele se fará processualmente, tendo um pé no velho paradigma do *dominus/conquista*, pois devemos garantir nossa subsistência, e outro pé no novo paradigma do *frater/cuidado*, para inaugurá-lo a partir de baixo. Vários pressupostos devem ser discutidos, e aqui não é lugar de fazê-lo. Porém, uma coisa podemos adiantar: trabalhando-se em pequenos territórios, o biorregionalismo, este novo paradigma poderá ser regionalmente implantado e de forma sustentável, pois, assim, tem-se a capacidade de incluir as pessoas, criando-se mais igualdade social e equilíbrio ambiental.

O nosso grande desafio é como passar de uma *sociedade capitalista* de superprodução de bens materiais para uma *sociedade de sustentação* de toda a vida, com valores humano-espirituais intangíveis como o amor, a solidariedade, a compaixão, a justa medida, o respeito e o cuidado, especialmente para com os mais vulneráveis.

O advento de uma biocivilização

Essa nova civilização possui um nome: *biocivilização*, na qual a centralidade é ocupada pela *vida em toda a sua diversidade*, mais especialmente a vida humana, pessoal e coletiva. A economia, a política e a cultura estarão a serviço da manutenção e da expansão das virtualidades presentes em todas as formas de vida.

O futuro da vida na Terra e o destino de nossa civilização estão em nossas mãos. Temos pouco tempo para fazer as transformações necessárias, pois já entramos em nova fase da Terra, com um novo regime climático, consequência do aquecimento crescente. Ainda não há consciência suficiente de chefes de Estado sobre as emergências ecológicas, sendo muito rara no conjunto da humanidade.

Se não assumirmos o novo paradigma da fraternidade universal e do amor social, fatalmente presenciaremos tragédias cada vez maiores, afetando perigosamente a biosfera e particularmente a espécie humana. Não obstante, nutrimos a esperança de que se realize o que disse certo poeta alemão: "Onde abunda o risco, superabunda a esperança de salvação".

A justa medida garantirá a vida e o Planeta Terra

A justa medida constitui um valor universal, presente em todas as culturas e representa um dos pontos mais importantes dos caminhos éticos. Encontrava-se inscrita nos pórticos dos templos e nos edifícios públicos, seja do Egito, da Grécia, do Império Romano e alhures. A virtude da justa medida significa o caminho do meio, o nem demais e o nem de menos; a dose correta. Ela se opõe a todo excesso e a toda ambição exagerada (*hybris* em grego), recomendando o autocontrole, a capacidade de desprendimento e de renúncia.

Estamos convencidos de que uma das causas do caos atual é a falta desta virtude: o desiquilíbrio do Planeta Terra; a devastação de quase todos os ecossistemas; o aquecimento global; intrusão de vários vírus – o pior deles, até agora, foi o coronavírus, dizimando milhões de vidas; a explosão de guerras em lugares diferentes na Terra, destacando-se a Guerra Russo-ucraniana – por trás dela estão a Otan e os Estados Unidos.

Esta falta da justa medida é intrínseca ao paradigma da Modernidade, formulado nos séculos XVII e XVIII pelos pais fundadores, como Galileu Galilei, Newton, Francis Bacon e outros. Para eles, o eixo estruturador do novo mundo a ser construído deveria ser baseado na *vontade de potência ou de poder*, identificados por Nietzsche e pela Escola de Frankfurt. Segundo este paradigma, o ser humano se entende como *mestre e dono da natureza*, na expressão de Descartes. Ele não se sente parte do todo natural. Em si, este tem sentido nem propósito em si, e o ser humano deve tratá-lo a seu bel-prazer.

Em nome deste paradigma, rompeu-se totalmente a justa medida. Os países europeus passaram a exercer a vontade de poder, dominando povos inteiros como na América Latina, na África e, em parte, na Ásia. Dominaram a natureza, extraindo dela, de forma ilimitada, seus bens e serviços; dominaram a matéria até as últimas partículas; dominaram o segredo da vida, o código genético e os genes. E tudo levado a efeito com furor.

Esse projeto trouxe inumeráveis e inegáveis benefícios à vida humana. Mas a desconsideração pela justa medida gerou a autodestruição, criando-se, a título de exemplo, todo tipo de armas, a ponto de, se forem usadas, destruírem toda a humanidade, não restando ninguém para ouvir nem contar a história.

Para não ficar apenas em conceitualizações, damos um exemplo concreto: a covid-19 afetou unicamente os seres humanos. Ela é consequência da vontade de poder, da sistemática agressão no modo de habitar a Terra, destruindo os *habitats* dos vírus. Sem os seus nichos vitais, eles avançaram sobre os seres humanos. Portanto, faltou a justa medida entre a intervenção necessária na natureza para garantir os meios de vida e a ambição exagerada de superexplorar os bens e serviços naturais, tendo-se em vista a acumulação e o enriquecimento.

Desta forma, a Terra viva perdeu o seu equilíbrio dinâmico e nos enviou pelo coronavírus um apelo à justa medida, uma mensagem de cuidado, de autocontrole e de superação de todo o excesso. Essa extrapolação exigiu confinamento social, uso de máscaras e vacinação. Mas parece que a humanidade não aprendeu a lição, pois sua grande maioria voltou ao "antigo normal".

Bem dizia o pensador italiano Antônio Gramsci: "a história é mestra, mas praticamente não tem alunos". De tudo isso, restou-nos a lição de que devemos incluir em tudo a justa medida, alimentando uma relação amistosa e justa com todas as coisas, se quisermos garantir o futuro da vida humana.

Indo direto à questão fundamental. Como vimos anteriormente, a causa mais imediata e visível da ruptura da justa medida está no capitalismo como modo de produção e no neoliberalismo como sua expressão política. Conhecidos são os mantras de ambos: o lucro acima de tudo, a concorrência como seu motor, a exploração ilimitada dos recursos naturais, o individualismo, a flexibilização das leis para se poder realizar a dominação e o enriquecimento.

Se tivéssemos seguido integralmente tais mantras, grande parte da humanidade teria sido muito mais afetada ou até mesmo desaparecido. O que nos salvou foi dar centralidade à vida, com a interdependência entre todos, a solidariedade de uns para com os outros, o cuidado para com a natureza e as leis e as normas que limitam os oligopólios, geradores de pobreza de grande parte da humanidade.

Preocupado com esta questão de vida e morte, escrevi dois livros, frutos de vasta pesquisa mundial, mas elaborados em uma linguagem mais acessível, para que todos possam se dar conta da gravidade que significa a ausência da justa medida para a vida pessoal, para as comunidades, para a sociedade, para os governos, para a economia, para a cultura e para a nossa relação para com a natureza; em último termo, para com a Terra.

O primeiro foi publicado em 2022: *O pescador ambicioso e o peixe encantado – A busca pela justa medida*. Nele preferimos o gênero narrativo com o uso de contos e de mitos ligados à justa medida. No segundo, publicado em 2023 e que é continuação do primeiro (*A busca pela justa medida – Como equilibrar o Planeta Terra*), procurei, de uma forma mais reflexiva, ir às causas que nos levam a perder a justa medida ou o ótimo relativo.

Ambos os livros colocam a pergunta angustiante: é possível viver a justa medida dentro deste sistema capitalista e neoliberal, *hoje globalizado?* Respondemos, com certa esperança, *que é possível*, mas com a *condição* de passarmos da cultura do excesso para a cultura da justa medida, desenvolvendo um novo modo de habitar a Terra, sentindo-nos parte dela e irmãos e irmãs de todos os demais seres. Na linguagem do Papa Francisco, na Encíclica *Fratelli Tutti*: operando a travessia do *dominus* (dono) da natureza para o *frater* (irmão e irmã), entre nós e entre todos os seres da natureza.

Para isso, importa uma ética da justa medida no nível pessoal e comunitário, na política e na economia, na educação e na espiritualidade.

Ou organizamos nossas sociedades dentro dos limites do Planeta Terra, vivendo em tudo a justa medida, ou continuaremos colocando em risco o futuro de nossa vida e de todas as espécies.

4

Manter viva a esperança em meio à barbárie atual

A história comprova que não há problema para o qual não se encontre uma solução. E isso também deverá valer para a situação crítica atual do mundo. Mas é preciso nos munir de esperança e de coragem, que são as fontes originárias de novos projetos e de utopias salvadoras. Consideremos a questão da utopia.

Resgatar o pensamento utópico

No desamparo que grassa no mundo, principalmente após a invasão do parlamento norte-americano e da vandalização das casas dos três poderes da república brasileira, no dia 8 de janeiro de 2023, pelos fanáticos seguidores do ex-Presidente Jair Bolsonaro, faz-se urgente resgatar o sentido da democracia e do Estado de direito. Indo mais a fundo, importa recuperar a utopia e a força que dela se deslancha no sentido de superar a barbárie reinante no mundo.

Na verdade, vivemos no olho de uma crise civilizacional de proporções planetárias. Toda crise oferece chances de transformação, bem como riscos de fracasso. Nela, medo e esperança se mesclam, especialmente agora, que estamos vivenciando o aquecimento global e que deveremos levar muito a sério o que se constatou no dia 27 de setembro de 2022: a sobrecarga da Terra (*The Earth Overshoot Day*). Trata-se do dia em que ela mostrou a exaustão dos elementos básicos que sustentam a vida. Todas as luzes vermelhas se acenderam, entramos no "cheque especial", e devemos nos conscientizar para a gravidade do fato.

A partir de então, para atender às demandas humanas, especialmente do consumo suntuoso dos países opulentos, faz-se violência à Terra, arrancando-lhe suas parcas reservas. Consequentemente, constata-se o crescimento de eventos, desequilibrando o clima e ameaçando as bases físico-químicas que sustentam a vida. Face a este grave quadro, não sabemos em que nos agarrar, senão no último galho que nos sustenta: a esperança. Ela se expressa na linguagem das utopias que, por sua natureza, nunca se realizarão totalmente, mas nos mantêm caminhando e abrindo possíveis novos horizontes.

Bem disse o irlandês Oscar Wilde: "Um mapa do mundo que não inclua a utopia não é digno sequer de ser olhado, pois ignora o único território em que a humanidade sempre atraca, partindo em seguida, para uma terra que supõe ser melhor". Entre nós acertadamente observou o poeta gaúcho

Mário Quintana: "Se as coisas são inatingíveis... ora! / Não é motivo para não querê-las. / Que tristes os caminhos e se não fora / A mágica presença das estrelas". Eduardo Galeano insistia que a utopia tem o condão de nos fazer sempre andar, superando cada um dos horizontes vistos e buscando sempre outros.

A utopia não se opõe à realidade; antes, pertence a ela, porque esta não é feita apenas daquilo que é *feito e dado*, mas daquilo que ainda *pode ser feito e dado*; portanto, daquilo que é potencial, mas viável, e que pode se realizar.

Alimentar o princípio-esperança

A utopia nasce do transfundo de potencialidades presentes na história, em cada povo e em cada pessoa. Nesse sentido, o renomado filósofo alemão Ernst Bloch introduziu a expressão *princípio-esperança*. Ele é mais do que a virtude da esperança; sendo um princípio, é fonte geradora de sonhos e de ações inovadoras. Já a esperança representa o inesgotável potencial da existência humana e da história, que permite dizer *não* a qualquer realidade concreta, às limitações espaçotemporais, aos modelos políticos e às barreiras que cerceiam o viver, o saber, o querer e o amar.

O ser humano só diz *não* porque primeiro diz *sim: sim* à vida, ao sentido, aos sonhos e à plenitude ansiada. Embora realisticamente não entreveja a total plenitude no horizonte das concretizações históricas, nem por isso deixa de ansiar por elas, com uma esperança jamais arrefecida.

Jó, quase nas vascas da morte, podia gritar a Deus: "mesmo que Tu me mates, ainda assim espero em ti". O paraíso terrenal narrado em Gn 2–3 é um texto de esperança. Como nos ensinam os exegetas, não se trata do relato de um passado perdido e do qual guardamos saudades, mas é, antes, uma antecipação, uma promessa, uma esperança de futuro ao encontro do qual estamos caminhando. Não é um relato do que foi, mas a maquete do que será.

Como é assente entre os estudiosos, o Gênesis é um texto profético sobre o mundo, assim como Deus o excogitou. Por isso, o grande filósofo Bloch dizia: "O verdadeiro gênesis não está no começo, mas no fim". Só então as coisas acabarão de nascer. "E Deus viu tudo o que havia feito e achou que estava *muito bom*" (Gn 1,31). Mas enquanto nos encontramos dentro do processo de evolução, nem tudo é bom; só perfectível. Por isso, esperamos.

O essencial do cristianismo não é afirmar a encarnação de Deus, pois outras religiões também o fazem. Mas é afirmar que a utopia (aquilo que não tem lugar) virou eutopia (um lugar bom) em alguém. Não apenas a morte foi vencida, o que seria muito, mas pela ressurreição todas as virtualidades escondidas no ser humano explodiram e implodiram, fazendo-se realidade. Jesus é o "novíssimo Adão", na expressão de São Paulo (cf. 1Cor 15,45); o homem abscôndito agora revelado. Mas Ele é apenas o primeiro dentre muitos irmãos e irmãs; nós o seguiremos, completa São Paulo (cf. Rm 8,30). A ressurreição não é a reanimação de um cadáver como o de Lázaro que, afinal, acabou morrendo. Ressurreição é a realização plena das infinitas possibilidades que estão dentro de nós, pois somos um projeto infinito que só se sente realizado quando encontra o objeto infinito. Só então seremos plenamente seres humanos, à semelhança do Ressuscitado.

Anunciar tal esperança no atual contexto sombrio do mundo não é irrelevante. Ela tem o condão de transformar a eventual tragédia da Terra, da humanidade e de muitos países em guerra, em uma crise purificadora, especialmente quando regimes autoritários procedem à sistemática desmontagem de direitos e das conquistas populares. Certamente teremos de fazer uma travessia perigosa, mas a vida será garantida e a humanidade sairá regenerada.

Os grupos portadores de sentido, as religiões e as Igrejas cristãs devem proclamar de cima dos telhados semelhante esperança. A grama não cresceu sobre a sepultura de Jesus. A partir da crise da Sexta-feira da Paixão, a vida triunfou pela ressurreição do Crucificado. Por isso, a tragédia não pode ter a última palavra. Quem a tem é a vida, em seu esplendor solar.

O valor das utopias minimalistas: as melhorias possíveis

Importa resgatar a perspectiva utópica da realidade; vale dizer, as potencialidades que estão dentro dela e que querem irromper. Recusamos a afirmação de que estamos vivendo tempos pós-utópicos. É a leitura fatalista dos grupos endinheirados que temem qualquer mudança pelo risco de perderem seus privilégios e suas fortunas.

O ser humano não é apenas um dado fechado, vivo e consciente, ao lado de outros seres. Ele também é um ser virtual. Esconde dentro de si virtualidades ilimitadas que podem irromper e se concretizar. Como a sociedade, ele é realidade portadora de desejos e testemunhos do princípio-esperança, permanentemente insatisfeito e até indignado, e sempre buscando novas saídas para seus problemas. Filosoficamente, é um projeto infinito à procura de um obscuro objeto infinito que lhe seja adequado.

É desse transfundo virtual que nascem os sonhos, os pequenos e grandes projetos e as utopias mínimas e máximas. Sem elas o ser humano não veria sentido em sua vida, e tudo seria cinzento.

Uma sociedade sem uma utopia não teria um rumo certo, viveria uma situação caótica e sem horizonte, e acabaria afundando no pântano dos interesses dos mais fortes, individuais ou corporativos. O que entrou em crise não são as utopias, mas certo tipo de utopia: as utopias maximalistas.

Os últimos séculos foram dominados por elas: a utopia *iluminista*, que universalizaria o império da razão contra todos os tradicionalismos e autoritarismos; a utopia *industrialista*, de transformar as sociedades com produtos tirados da natureza e das inovações tecnológicas para tornar menos pesada a vida humana; a utopia *capitalista*, de levar progresso e riqueza para todo o mundo; a utopia *socialista*, de gerar sociedades igualitárias e sem classes; as utopias *nacionalistas*, sob a forma do nazifascismo que, a partir de uma nação poderosa, de uma "raça pura", redesenharia a humanidade, impondo-se a todo o mundo.

Mas atualmente há a utopia da *saúde total*, gestando as condições higiênicas e medicinais que visam a imortalidade biológica ou o prolongamento da vida até a idade das células (cerca de 130 anos); a utopia de um único mundo globalizado sob a égide da economia de mercado e da democracia liberal, hegemonizado pelas potências militaristas; a utopia de *ambientalistas radicais*, que sonham com uma Terra intocável e o ser humano totalmente integrado nela.

Estas são algumas das utopias maximalistas. Muitas deles foram impostas com violência ou geraram violência contra seus opositores. Hoje temos distância temporal suficiente para nos confirmar que elas custaram caro em termos de vidas humanas e de guerras devastadoras, acabando por frustrar o ser humano. Foram se desvitalizando até perderam seu fascínio e serem abandonadas.

Daí falarmos de tempos pós-utópicos. Mas o *pós* se refere a *este tipo de utopia* maximalista, não à concepção da utopia em si, cujo valor é permanente. Elas deixaram um rastro de decepção e depressão, especialmente a utopia da revolução absoluta dos anos de 1960 e 1970 como a cultura *hippie* e seus derivados.

O viável possível

Mas a utopia permanece porque somos feitos de sonhos, projeções e desejos. Hoje a busca se orienta pelas utopias *minimalistas*, aquelas que, no dizer de Paulo Freire, realizam o "viável possível" e fazem a sociedade "menos malvada e tornam menos difícil o amor".

Nota-se por todas as partes a urgência latente de utopias do simples melhoramento do mundo. Tudo o que nos chega pelas muitas janelas de informação nos levam à conclusão de que assim como o mundo está não pode mais continuar. Temos de mudar, mas se não der, ao menos melhorar. Nem por isso abandonamos a grande utopia de uma humanidade vivendo reconciliada consigo própria na Casa Comum, na comensalidade, desfrutando juntos os bons frutos da generosa Mãe Terra. Este é o sonho perene de todas as culturas e uma das metáforas usadas por Jesus para nos transmitir a ideia do que seja o Reino de Deus; ou seja, uma grande ceia na qual todos são convidados: mendigos, marginalizados, homens e mulheres.

Não é possível a perpetuação da absurda acumulação de riqueza, como jamais houve na história: as 85 pessoas mais ricas possuem renda correspondente a 3,57 bilhões de pessoas. Isso foi denunciado em janeiro de 2015, em Davos, pela Oxfam Intermón, uma ONG presente em 94 países. No ano de 2016, também em Davos, ela afirmou que 8 multimilhardários têm renda que excede a renda de quase metade da humanidade, 3,7 bilhões de pessoas. E, em janeiro de 2020, ela anunciou que 8 pessoas têm mais riqueza do que 90% da humanidade.

Para esses, o sistema econômico-financeiro não está em crise; ao contrário, oferece chances de apropriação e fusão com empresas em crise. Pretensamente querem superar a crise através de acumulação sempre maior; na verdade, ela é absurda, porque é desumana. É imperativo pôr um freio à voracidade produtivista que assalta os bens e os serviços comuns (*commons*) da Terra e da humanidade em vista de um desenfreado enriquecimento de poucos. Isso é a causa principal da produção de gases de efeito estufa, alimentador do aquecimento global. Não sendo contido, fatalmente irá produzir um *armageddon* ecológico.

As utopias minimalistas, a bem da verdade, são aquelas que foram/são implementadas, no caso do Brasil, pelos governos Lula e Dilma, que garantiram/garantem ao povo comer três vezes ao dia, pois o primeiro dever de um Estado é garantir a vida dos cidadãos; isso não é assistencialismo, mas humanitarismo em grau zero. Exemplos são os projetos *Minha casa, minha vida* e *Luz para todos*, o aumento real do salário-mínimo, o *Proune* (que permitiu o acesso aos estudos superiores a estudantes socialmente menos favorecidos), o *Pontos de cultura* e muitos outros projetos populares.

Em relação às grandes maiorias, são verdadeiras utopias mínimas viáveis: receber um salário que atenda às necessidades da família, ter acesso à saúde, poder encaminhar os filhos à escola, ter transporte coletivo que não subtraia muito tempo no dia a dia, contar com serviços sanitários básicos, dispor de lugares de lazer e de cultura, aposentadoria digna para enfrentar os achaques da velhice.

A consecução destas utopias minimalistas cria a base para utopias mais altas: aspirar que os povos se abracem na fraternidade, que não se guerreiem, unam-se para preservar este pequeno e belo Planeta Terra, sem o qual nenhuma utopia maximalista ou minimalista pode ser projetada.

Um dos grandes objetivos do ser humano é viver livre de necessidades e gozar do reino da liberdade, agradecendo à vida por ter lhe propiciado as condições de existir humanamente e de desfrutar da alegria, própria da convivência com os semelhantes.

As utopias minimalistas prevalecem sobre as maximalistas e a missão da religião

Não é verdade que vivemos tempos pós-utópicos. Aceitar esta afirmação implica sustentar uma representação reducionista da realidade e do ser humano, que não é apenas um *dado* fechado sobre si mesmo, desvinculado da história sempre aberta para frente. Além de *real*, ele também é um ser *virtual*. Esconde dentro de si virtualidades ilimitadas que podem irromper e se concretizar. É um ser de desejo, portador do princípio-esperança (Bloch), permanentemente insatisfeito e sempre se propondo novas iniciativas. No fundo, ele é um projeto infinito à procura de um obscuro objeto infinito que lhe seja adequado.

É desse transfundo virtual que nascem os sonhos, os pequenos e os grandes projetos, bem como as utopias maximalistas e minimalistas. Sem elas o ser humano não veria sentido em sua vida, e tudo seria cinzento. Uma sociedade sem ideias-força, sem ideais e sem utopias, como foi dito por Max Weber no final de seu famoso escrito *A política como vocação*, deixaria de ser sociedade, perderia seu rumo, pois afundaria no pântano dos interesses individuais ou corporativos. O que entrou em crise não são as utopias, mas *certos tipos* de utopia.

O ocaso das utopias maximalistas

Além das utopias maximalistas que vimos no capítulo anterior, citamos: a utopia do *Pentágono*, de "um único mundo e um único império com o espectro da total dominação" (Moniz Bandeira). A utopia do *mercado total*, que transforma literalmente tudo, até as coisas mais sagradas, em negócio e oportunidade de ganho financeiro (Karl Polanyi). A utopia do *ambientalismo radical*, que sonha com uma volta à Terra virgem e o ser humano totalmente fundido nela. Muitas utopias maximalistas foram impostas com violência ou geraram violência contra seus opositores. Hoje esse tipo de utopia perdeu o seu fascínio, chegando-se a falar de "sociedade do cansaço" (Byung-Chul Han, filósofo coreano que vive em Berlim) e da vigência dos tempos pós-utópicos.

Apesar deste ocaso não desapareceu o ímpeto utópico, pois ele faz parte da essência humana, alimentando desejos, projetando sonhos e cultivando utopias viáveis. Se as utopias maximalistas estão conhecendo um descenso, verifica-se um ascenso das utopias minimalistas (cf. Zoja, 2013).

Elas não se contentam com o tipo de mundo que temos e se propõem a melhorá-lo, mesmo quando não nos é concedido superá-lo. As utopias minimalistas recusam a resignação, fortalecem a resiliência e creem tornar a sociedade menos malvada. Para isso, importa resgatar as boas razões da utopia e da viabilidade das minimalistas.

O resgate da utopia

O resgate se opera em um contexto internacional e nacional extremamente complexo; diria, ameaçador. Na verdade, vivemos no olho de uma crise civilizacional de proporções planetárias. Os princípios e os valores que constituíram e deram coesão às sociedades modernas – como o princípio democrático; o respeito aos direitos humanos, da natureza e da Mãe Terra; a identidade das nações, o não uso da violência e da guerra para resolver conflitos sociais; a ilegitimidade das guerras preventivas; a hospitalidade para com os imigrantes; o cuidado para com a coisa comum, particularmente os bens e os serviços que garantem a continuidade da *vida* – foram postos em xeque ou simplesmente foram violados, sem qualquer tipo punição a órgãos mundiais como a ONU.

Toda crise oferece chances de transformação, como também a ocorrência de riscos e fracassos. Na crise, medo e esperança, expressões de raiva e de violência real ou simbólica se mesclam com conclamações à tolerância e ao diálogo, especialmente feitas pelo Papa Francisco, neste momento crítico da sociedade, com dezenas de focos de guerra e a vivência do aquecimento global.

Precisamos suscitar esperança, que se expressa na linguagem da utopia, como expressou belamente Eduardo Galeano (1940-2015): "A utopia está lá no horizonte. Eu me aproximo dois passos, ele se afasta dois passos. Caminho dez passos, e o horizonte corre dez passos. Por mais que eu caminhe, jamais o alcançarei. Para que serve a utopia? Serve para isso: para que eu não deixe de caminhar".

A utopia não se opõe à realidade; antes, pertence a ela, porque não é feita apenas daquilo que é *dado*, mas daquilo que é *potencial* e que pode um dia se transformar em dado. A utopia nasce desse transfundo de virtualidades presentes no universo em evolução, na história, na sociedade e em cada pessoa.

Nesse sentido, o princípio-esperança, cunhado pelo filósofo Ernst Bloch, mostra o inesgotável potencial da existência humana e da história, que permite dizer *não* a qualquer realidade concreta, às limitações espaçotemporais, aos modelos políticos e às barreiras que cerceiam o viver, o saber, o querer e o amar.

O ser humano diz *não* porque primeiro disse *sim*: *sim* à vida, ao sentido, a uma sociedade com menos corrupção e mais justa, aos sonhos e à plenitude ansiada. Embora realisticamente não entreveja a total plenitude no horizonte das concretizações históricas, nem por isso ele deixa de ansiar por ela com uma esperança jamais arrefecida. Tal dinamismo pertence à natureza do ser humano; inteiro, mas não completo e sempre em busca de novos horizontes, de novas experiências e de novas formas de convivência.

Enquanto evoluímos, nem tudo é bom, mas é apenas perfectível. A utopia deslancha esta energia na busca do novo e do ainda não ensaiado. Anunciar tal esperança no contexto sombrio que vivenciamos não é irrelevante. Ela transforma a eventual tragédia da política, da Terra e da humanidade, devido à dissolução social e às ameaças sociais e ecológicas, em uma crise purificadora. Também nos indica que faremos uma travessia perigosa, mas a vida será garantida e o Planeta ainda se regenerará e encontrará um caminho que nos abra a um futuro esperançador.

Os grupos portadores de sentido, as filosofias, os partidos com propostas sociais bem-fundadas e, principalmente, as religiões, os caminhos espirituais e as Igrejas cristãs devem proclamar de cima dos telhados semelhante esperança.

A partir da crise da sexta-feira da crucificação, a vida triunfou e, por isso, a tragédia não será o último capítulo a ser escrito.

A emergência das utopias minimalistas

O ocaso das utopias maximalistas abriu espaço para um outro tipo de utopia, a minimalista. A partir dela, não desejamos apenas um mundo *possível*, mas um mundo *necessário*, aquele da Casa Comum. Dentro desse mundo necessário, há lugar para vários mundos culturais, com suas tradições, saberes, filosofias, cosmovisões e caminhos espirituais.

Nota-se por todas as partes que há urgência de simples *melhoramento do mundo*, já que o sistema de dominação, embora em crise, ainda mantém grande vigor. A atual dinâmica não pode continuar. Se ainda não é possível mudá-la integralmente, ao menos podemos lutar para diminuir o grau de iniquidade generalizada.

Não é possível que seja mantida a absurda acumulação de riqueza, inusitada na história. Deve-se pôr um freio à ferocidade produtivista, que assalta os bens e os serviços da natureza em vista da acumulação ilimitada.

A situação econômico-social do Brasil é, de certa forma, vergonhosa. O ex-presidente do Ipea, Jessé Souza – deposto pelo governo de Michel Temer, em 2016 – revelou na época que apenas 71.440 (0,05% da população) de super-ricos controlavam grande parte das riquezas e do sistema financeiro do país. Isso denuncia nossa maior chaga: a desigualdade social, que é uma das maiores do mundo. Em termos ético-políticos, significa uma perversa injustiça social. As utopias minimalistas, a bem da verdade, são aquelas que, como vimos acima, foram implementadas pelos dois governos do PT, sob Lula e Dilma Rousseff e seus aliados, com base popular.

É preciso que o ser humano não seja esmagado pelas necessidades e que desfrute um pouco do reino da liberdade, e por fim possa dizer: "Valeu a pena esperar tantos anos, valeu a pena a luta, valeu a pena a participação do povo na definição de seu próprio destino.

O novo sonho da Terra deve estar, o mais possível, livre da impregnação do velho paradigma

Este paradigma tinha como centralidade o *poder*, exercido como dominação sobre a natureza e os outros. Era a vontade de conquista, o paradigma de Alexandre Magno e de Hernán Cortés. Como observou o renomado biólogo Edward Wilson (2002, p. 121), isso fez com que o "éden se transformasse num matadouro, e o paraíso ocupado num paraíso perdido".

Agora a nova centralidade deve ser conferida à vida em sua imensa diversidade; vida entendida como auto-organização da matéria em altíssimo grau de complexidade e de interação com o todo à volta e com a vida humana, consciente e livre como o ponto mais avançado e complexo do processo evolucionário. Ou em uma expressão espiritualista, a vida como o supremo dom de Deus. O paradigma será o de Francisco de Assis e de Chico Mendes; o paradigma do cuidado, da confraternização universal e da sinergia com a natureza.

O que sabemos empiricamente pela ciência depois que Francis Crick e James Watson descodificaram o código genético nos anos de 1950, intuiu São Francisco de Assis em sua mística cósmica ao chamar de irmãos e irmãs todos os seres. Formamos, pois, uma imensa comunidade de vida.

Cuidar da vida; fazer expandir a vida; entrar em comunhão e sinergia com toda a cadeia de vida; e celebrar a vida, eis o sentido da nova coexistência dos seres humanos sobre a Terra, também entendida como Gaia, superorganismo vivo, e nós humanos como aquela porção de Gaia que sente, pensa, ama e venera.

A centralidade da vida implica concretamente assegurar meios como trabalho, saúde, moradia, segurança e educação. Todos os seres humanos deverão ter acesso garantido a esses bens fundamentais. Eis aqui a nova racionalidade humanitária que conferirá um sentido ético a todos os saberes e a todas as tecnologias.

Se estandardizarmos para toda a humanidade os avanços da tecnociência já alcançados, permitiremos que todos gozem dos serviços essenciais com a qualidade que hoje somente setores privilegiados e opulentos têm acesso, ou seja, todos teriam alimentos saudáveis, um excelente serviço de saúde, moradias dignas e uma educação de qualidade. Até hoje o saber é poder a serviço da acumulação sem limites, que dá origem a desigualdades; portanto, a serviço do sistema imperante.

Após a grande crise, bem que poderíamos fazer uma moratória em favor da democratização do saber e das invenções já acumuladas pela civilização, beneficiando especialmente os mais desprotegidos.

O trabalho não seria mais uma mercadoria; ao contrário, resgataria seu verdadeiro significado como dimensão essencial do ser humano, que exerce sua criatividade, plasma a sua vida, molda a natureza, tornando-a um *habitat* benfazejo. Liberaria o tempo para as atividades propriamente humanas de criar, de conviver, de criar significações pelas artes, pelo cultivo do pensamento e da espiritualidade. A Terra poderia se transformar no lar e na pátria da verdadeira identidade humana.

Colocar a vida como eixo articular abre espaço para a celebração, para a descoberta do encantamento do mundo em sua inenarrável diversidade.

Sempre haverá conflitos, pois eles pertencem à *condition humaine, sapiens e demens,* sim-bólica e dia-bólica. Mas haverá formas de enfrentamento não destrutivas nem repressivas. A dimensão de luz potenciada limitará os efeitos da dimensão de sombras, o lado *sapiens* do ser humano fará que o lado *demens* não ganhe hegemonia.

Os portadores da utopia

Desta vez, dado o caráter global e urgente da utopia, todos são os seus portadores. Mas há os atores principais, aqueles que já incorporaram o sonho de um outro mundo possível. São os movimentos sociais mundiais, que ganharam visibilidade no Fórum Social Mundial, realizado em várias cidades do mundo. Sem esses sujeitos históricos a utopia evanesce em fantasia. O Papa Francisco, em seus três encontros com os movimentos sociais mundiais (dois em

Roma e um em Santa Cruz de la Sierra, Bolívia), desafiou esses atores a serem os protagonistas do novo mundo. Não se deve esperar nada de cima, pois é sempre mais do mesmo; eles mesmos devem ensaiar outras formas de habitar a Casa Comum, de produzir e de consumir, estabelecendo uma nova relação de sinergia para com a natureza e de cuidado para com a Terra.

A religião como fonte de utopias salvadoras

Fontes geradoras de utopias são as religiões. Isso porque elas, no dizer do grande estudioso das formas elementares da religião, Émile Durkheim, "não são somente *um sistema de ideias*, mas antes *de tudo um sistema de forças* [...] homem que vive religiosamente experimenta um poder que não conhece na vida comum. São forças que levantam montanhas, que podem dobrar a natureza e seus desígnios" (*apud* Teixeira, 2003, p. 43-44).

Foi mérito de Clifford Geertz, com sua antropologia simbólica, mostrar que sempre que ocorre uma crise sistêmica e a passagem de um paradigma civilizatório para outro, marcados por incertezas e ausência de sentido, quem faz a ponte entre ambos os paradigmas e elabora utopias, geradoras de novos horizontes de esperança, são as religiões.

Ninguém melhor do que o filósofo alemão Ernst Bloch, com seus três volumosos volumes sobre o *Princípio-esperança*, para mostrar a função insubstituível da religião como geradora de esperança; não com virtude, mas como um *princípio*, um *motor* que sempre atua na história e nas pessoas, projetando sonhos, visões e utopias salvadoras. Conhecida é sua frase: "Onde há religião, aí há esperança".

Hoje, predomina a ideia de que o fator religioso é um dado antropológico, de fundo utópico, no ser humano. Depois que a maré crítica da religião feita por Marx, Nietzsche, Freud, Popper e Dawkins retrocedeu, podemos dizer que os críticos não foram suficientemente críticos. No fundo, todos eles laboraram em um equívoco: quiseram colocar a religião dentro da razão, o que fez surgir todo tipo de incompreensões e contradições. Estes críticos não se deram conta de que o lugar da religião não está na *razão*, embora possua uma dimensão racional, mas na *inteligência cordial*, na emoção profunda, no sentimento oceânico, naquela esfera do humano em que emergem os sonhos e as utopias.

Bem dizia Blaise Pascal, matemático e filósofo, no famoso fragmento 277 de seu *Pensées*: "É o coração que sente Deus, não a razão". Crer em Deus não é pensar Deus, mas senti-lo a partir da totalidade de nosso ser. A religião é a voz de uma consciência que se recusa a aceitar o mundo tal qual é, sim-bólico e dia-bólico, perpassado por guerras e poucos momentos de paz. Ela se propõe a transcendê-lo, projetando visões de um novo céu e de uma nova Terra, e de utopias que rasgam horizontes ainda não vislumbrados.

A antropologia, em geral, e especialmente a escola psicanalítica de C.G. Jung constatam a emergência da religião nas camadas mais profundas da psiqué. Hoje, sabemos que a estrutura em grau zero do ser humano não é razão (*logos, ratio*), mas emoção (*pathos, eros* e *ethos*).

A pesquisa empírica de Daniel Golemann, com sua *Inteligência emocional* (1984), veio confirmar o que certa tradição filosófica, apoiada em Platão, Agostinho, Boaventura, Pascal, chegando a Freud, a Heidegger, a Damásio e Meffessoli, a Cortina, a Muniz Sodré e eu mesmo (Boff, 2015) afirmamos. A mente é incorporada (cf. Varela; Thompson; Rosch, 2017), quer dizer: a inteligência vem saturada de emoções e de afetos; neles é que se elaboram o universo dos valores, da ética, das utopias, dos sentidos existenciais e da religião.

É desse transfundo que emerge a experiência religiosa. Segundo L. Wittgenstein, os fatores místico e religioso nascem da capacidade de extasiar-se do ser humano. "Extasiar-se não pode ser expresso por uma pergunta. Por isso, não existe também nenhuma resposta" *(Schriften* 3, 1969, p. 68*)*. O fato de que o mundo existe é totalmente inexprimível. Para este fato "não há linguagem; mas esse inexprimível se mostra; é o místico" (*Tractatus*, 5, p. 52). E continua Wittgenstein: "o místico não reside no *como* o mundo é, mas no fato de que o mundo é" (*Tractatus*, 6, p. 44). "Mesmo que tenhamos respondido a todas as possíveis questões científicas, damo-nos conta de que nossos problemas vitais nem sequer foram tocados" (*Tractatus*, 5, p. 52). Wittgenstein prossegue: "Crer em Deus é compreender a questão do sentido da vida. Crer em Deus é afirmar que a vida tem sentido. Sobre Deus que está para além deste mundo não podemos falar. E sobre o que não podemos falar, devemos calar" (*Tractatus*, 7).

A limitação de todo espírito científico, mesmo o praticado pelas ciências da religião, reside nisso: ele não tem nada sobre o que calar. As religiões quando falam é sempre de forma simbólica, analógica, evocativa e autoimplicativa. No fim, terminam no nobre silêncio, no dizer de Buda, ou então usam a linguagem simbólica da arte, da música, do rito, do jogo e da dança.

Hoje, cansados pelo excesso de racionalidade, de materialismo e de consumismo, estamos assistindo a volta do religioso e do místico, pois neles se escondem o invisível, que é parte do visível e que pode conferir uma nova esperança aos seres humanos.

Concluo com uma frase do grande sociólogo e pensador É. Durkheim em sua monumental obra: *Formas elementares da vida religiosa* (1996): "Há algo de eterno na religião, destinado a sobreviver a todos os símbolos particulares nos quais o pensamento religioso sucessivamente se desenvolveu". Porque sobrevive aos tempos, a religião sempre será uma das maiores referências dos seres humanos e uma fonte inesgotável de esperança.

Como já mencionamos, o essencial do cristianismo não está em afirmar a encarnação de Deus, visto que outras religiões também o fizeram. Mas sim afirmar que a *utopia* (aquilo que não tem lugar) virou *eutopia* (um lugar bom), que as virtualidades escondidas no ser humano, explodiram e implodiram. E como diz São Paulo, Ele é o primeiro dentre muitos irmãos e irmãs; nós seguiremos a Ele.

Portanto, o nosso futuro está na transfiguração do universo e tudo o que ele contém, especialmente da vida em plenitude, e não o pó cósmico. Talvez esta seja a única grande utopia maximalista verdadeira, para além da qual não poderíamos ir.

6
Uma democracia socioecológica ou ecossocialista

A Terra está mudando de forma irreversível. Entramos em um novo regime climático muito mais quente e ameaçador. A ciência e a técnica chegaram atrasadas. A acumulação na atmosfera de gases de efeito estufa transformou o curso do planeta. Os vários saberes, dos populares aos mais científicos apenas podem mitigar os efeitos danosos. E esses virão com mais frequência e serão mais graves.

Se quisermos continuar sobre este planeta temos de elaborar um outro paradigma civilizatório, amigável à vida e sentindo-nos irmãos e irmãs de todos os demais seres vivos, como postula o Papa Francisco na *Fratelli Tutti* (2020), tendo em vista que possuímos com eles o mesmo código genético de base. Dentro deste contexto impõe-se a urgência de um outro tipo de democracia: a socioecológica ou a ecossocialista. Ela representaria a culminância do ideal democrático, exatamente neste momento em que verificamos um descenso grave dos ideais democráticos em um contexto de ascenso mundial de movimentos autoritários e de extrema direita. Acresce ainda a difusão da inteligência artificial autônoma, que combina milhões e milhões de algorítmos e pode ameaçar e distorcer a democracia.

É imperativo discutirmos a democracia, resgatando sua ideia originária: tudo o que interessa a todos deve ser pensado e decidido por todos.

Há uma *democracia direta* em pequenas comunidades ou em um país como a Suíça. Quando estes agrupamentos sociais são maiores, projetou-se a *democracia representativa*. Como geralmente os poderosos a controlam e ela defende os interesses de quem lhes garantiu a eleição, propôs-se uma *democracia participativa*, na qual "os do andar de baixo" podem participar na formulação e acompanhamento das políticas do país.

Avançou-se mais, criando-se a *democracia comunitária*, vivida pelos povos andinos, na qual todos participam de tudo dentro de uma grande harmonia entre ser humano e natureza. É o *"bien vivir y convivir"*. Viu-se que a *democracia é um valor universal* (Bobbio), vivida cotidianamente na família, nas associações e na forma de organizar o Estado. Também é *sem fim* (Boaventura de Souza Santos), pois sempre pode ser aperfeiçoada e nunca está pronta. E diante da iminência do risco do desaparecimento da espécie humana, todos, para se salvar, se uniriam ao redor de uma *superdemocracia planetária* (J. Atalli).

Mais ou menos nesta linha devem ser pensadas e vividas as várias formas de democracia. Os sobreviventes da grande transformação da Terra, estabilizando seu clima médio em torno de 38°C, ou mais, terão de incorporar, como forma de sobrevivência, novos tipos de relação em harmonia com a natureza e com a Mãe Terra. Daí se pensou a democracia *socioecológica*. É *social* por envolver toda a sociedade; é *ecológica* por colocar especial atenção na natureza.

É a grande proposta do ecossocialismo, que nada tem a ver com o frustrado socialismo real, já desaparecido. Essa democracia socioecológica ou ecossocialista tem como eixo estruturador o *ecológico*. Não como uma técnica para garantir a sustentabilidade do modo de vida humana, nos moldes do paradigma vigente do ser humano *dominus-senhor* (e fora e em cima da natureza), mas como *frater* (*irmão e irmã*), parte e dentro da natureza. A ecologia, pois, seria antes uma arte, um novo modo de convivência terna e fraterna com a natureza.

O modo de produção e as instituições não obrigarão mais a natureza a se adaptar aos desejos humanos. Estes se adequarão aos ritmos da natureza, cuidando dela, dando-lhe repouso para se regenerar. O ser humano se sentirá a própria natureza, de sorte que, cuidando dela, estará cuidando de si mesmo.

A singularidade do ser humano – e isso foi comprovado pelos neurólogos, geneticistas, bioantropólogos e cosmólogos – é comparecer como um ser-nó-de-relações, de amorosidade, de cooperação, de solidariedade e de compaixão. O amor e a solidariedade pertencem ao código genético humano.

Tal singularidade aparece melhor quando o comparamos com os símios superiores, dos quais nos diferenciamos em apenas 1,6% de carga genética. Eles também têm vida societária, mas se orientam pela lógica da dominação e da hierarquização. Nós nos diferenciamos deles pela cooperação e pela comensalidade.

Hoje admite-se que tanto a natureza quanto a Terra são sujeitos de direitos; são os novos cidadãos com quais devemos conviver amigavelmente. A Terra é uma entidade bio-geo-física, Gaia, que articula todos os elementos para continuar viva e produzir a biodiversidade. Em um momento avançado de sua evolução e complexificação ela começou a sentir, a pensar, a amar e a cuidar. Foi então que surgiu o ser humano, homem e mulher, que é a Terra pensante e amante.

Se quisermos sobreviver juntos, esta democracia deverá ser uma biocracia, uma sociocracia, uma geocracia e uma cosmocracia; em uma palavra, uma democracia ecológico-social ou ecossocialista. O tempo urge. Devemos gerar uma nova consciência e nos preparamos para as mudanças que não tardarão chegar.

É uma utopia? Sim, mas uma *utopia* necessária, se ainda quisermos viver neste planeta.

Os povos originários se encontram – reencontro da águia e do condor

O nosso modo de vida mostra-se demasiadamente destrutivo, levando à marginalidade e à pobreza milhões de seres humanos e à morte de seres da natureza. Temos que mudar nosso modo produzir, de consumir e de morar na única Casa Comum; caso contrário, poderemos conhecer o pior.

Curiosamente, na contramão desse processo que alguns o veem como a inauguração de uma nova era geológica – quer dizer, a sistemática destruição de vidas perpetradas pelo ser humano –, irrompem os povos originários, portadores de uma nova consciência e de uma vitalidade, reprimida por séculos. Estão se refazendo biologicamente e surgindo como sujeitos históricos.

Sua maneira de se relacionar amigavelmente com a natureza e com a Mãe Terra faz com que eles se tornem nossos mestres e doutores. Sentem-se tão unidos a essas realidades, que as defendendo estão defendendo a si próprios.

Foi grande o equívoco dos invasores europeus chamá-los de *índios*, como se fossem habitantes de uma região da Índia que todos buscavam. Eles devem ser chamados de *povos originários*. Apresentavam-se por vários nomes: Tawantinsuyo, Anauhuac, Pindorama, Tupi-guarani, Pataxó, Yanomami etc. Para a nação coletiva prevaleceu o nome *Abya Yala*, dado pelo povo Kuna do norte da Colômbia e do Panamá, que significava "terra madura, terra viva, terra que floresce".

A adoção do nome comum, *Abya Yala*, faz parte da construção de uma identidade também comum na diversidade de suas culturas, expressando as articulações que os unem em um imenso movimento que vai do norte ao sul do continente americano. Em 2007, criaram a *Cúpula dos Povos de Abya Yala*.

Mas sobre eles pesa o extermínio infligido pelos invasores europeus; cerca de 70 milhões deles. Foi um dos maiores genocídios da história, mortos por guerras de extermínio; por doenças trazidas pelos brancos, contra as quais não tinham imunidade; por trabalhos forçados; como também por mestiçagem forçada.

Os dados mais seguros foram levantados pela socióloga e educadora Moema Viezzer e pelo sociólogo e historiador canadense radicado no Brasil, Marcelo Grondin. Eles publicaram uma impressionante obra (cf. Viezzer; Grondin, 2021), prefaciada por Ailton Krenak, grande liderança indígena. Pequeno resumo:

- No Caribe, em 1492, quando chegaram os colonizadores espanhóis, havia 4 milhões de indígenas. Anos após, todos haviam desaparecido.

- No México, em 1500, havia 25 milhões de indígenas (Astecas, Toltecas, entre outros). Depois de 70 anos restaram apenas 2 milhões deles.

- Nos Andes existiam, em 1532, 15 milhões de indígenas. Em poucos anos, restou apenas 1 milhão.

- Na América Central, em 1492, havia entre 5 e 13 milhões de indígenas, dos quais 90% foram mortos.

- Na Argentina, no Chile, na Colômbia e no Paraguai morreu, em média, 1 milhão de indígenas.

- As Antilhas menores, como Bahamas, Barbados, Granada, Guadalupe, Trinidad-Tobago e Ilhas Virgens conheceram o extermínio em sua quase totalidade.

- No Brasil, quando os portugueses aqui aportaram, havia cerca de 6 milhões de povos originários de dezenas de etnias, com suas línguas. O desencontro violento os reduziu a menos de 1 milhão. Hoje, infelizmente, devido ao descuido por parte das autoridades, esse processo de morte continua, como sequela da covid-19. Um sábio da nação yanomami, o Pajé Davi Kopenawa Yanomamy relata no livro *A queda do céu* o que os xamãs de seu povo estão entrevendo: a humanidade está rumando na direção de seu fim.

- Nos Estados Unidos da América, viviam, em 1607, cerca de 18 milhões de povos originários, e tempos depois sobreviveram apenas 2 milhões.
- No Canadá, havia, em 1492, 2 milhões de habitantes originários e, em 1933, eles somavam apenas 120 mil. Felizmente, hoje se recuperaram, tendo um número significativo.

O livro não narra apenas a incomensurável tragédia, mas especialmente as resistências e modernamente as várias cúpulas organizadas entre esses povos originários, do sul e do norte das Américas. Com isso, os povos originários se reforçarem mutuamente, resgatando a sabedoria ancestral dos xamãs, as tradições e as memórias.

Uma lenda-profecia expressa o reencontro desses povos: aquela entre a águia, representando a América do Norte, e o condor, a América do Sul. Ambos foram gerados pelo Sol e pela Lua. Viviam felizes voando juntos. Mas o destino os separou. A águia dominou os espaços e quase exterminou o condor.

No entanto, quis esse mesmo destino, que a partir da década de 1990, ao se iniciarem as grandes cúpulas entre os distintos povos originários, do sul e do norte, o condor e a águia se reencontraram e começaram a voar juntos. Do amor de ambos, nasceu *o Quetzal* da América Central, uma das mais belas aves da natureza, ave da cosmovisão maia que expressa a união do coração com a mente, da arte com a ciência, do masculino com o feminino. É o começo do novo tempo, da grande reconciliação dos seres humanos entre si, como irmãos e irmãs, cuidadores na natureza, unidos por um mesmo coração pulsante e habitando na mesma e generosa Pachamama, a Mãe Terra.

Quem sabe, no meio das tribulações do tempo presente em que nossa cultura encontrou seus limites intransponíveis e se sente urgida a mudar de rumo, esta profecia possa ser a antecipação de um fim bom para todos nós. Ainda voaremos juntos, a águia do norte com o condor do Sul, sob a luz benfazeja do Sol, que nos mostrará o melhor caminho; caminho de salvação para todos: seres humanos e natureza.

Uma guerra mundial em pedaços?

No dia 29 de junho de 2022, aconteceu a Cúpula de Madri dos países que compõem a Otan, à qual pertencem como ator principal os Estados Unidos. Aliás, a relação entre estes países europeus e os Estados Unidos é de humilhante subordinação.

Nesta cúpula se estabeleceu um "novo compromisso estratégico" que, de certa forma, vai além dos limites europeus e recobre todo mundo. Para reforçar essa estratégia globalista se fizeram presentes também o Japão, a Coreia do Sul, a Austrália e a Nova Zelândia, com a declaração de algo extremamente perigoso e provocador de uma eventual Terceira Guerra Mundial. Reafirmou-se a Rússia como o *inimigo direto atual* e a China como *inimigo potencial do amanhã*. A Otan não se apresenta apenas defensiva, como em sua origem, passando a ser ofensiva.

Introduziu-se a perversa categoria do "inimigo" a quem deve-se enfrentar e derrotar. Isso nos remete ao jurista nazifascista de Hitler, Carl Schmitt (1888-1985). Ele diz: "a essência da existência política de um povo é sua capacidade de definir o amigo e o inimigo". Definindo o inimigo, combatê-lo, "tratá-lo como mau e feio, e derrotá-lo", isso instaura a identidade de um povo (cf. Schmitt, 1992).

Novamente, a Europa se faz vítima de seu próprio paradigma da vontade de poder e também do poder como dominação sobre os outros, inclusive sobre a natureza e a vida. Esse paradigma fez com que só no século XX se fizessem duas grandes guerras com 100 milhões de vítimas. Parece que ela não aprendeu nada de dois milênios de evangelização, cujo eixo central era o amor, a solidariedade e a defesa da vida do mais vulnerável. Não tiraram lições de sua própria história, muito menos daquela da covid-19, que caiu como um raio sobre seu sistema e seus mantras.

Sabe-se hoje que por trás da guerra na Ucrânia há o confronto entre os Estados Unidos e a Rússia/China, no sentido de quem detém o domínio geopolítico do mundo.

Até agora vigorava um mundo unipolar com a predominância completa dos Estados Unidos sobre o curso da história, não obstante as derrotas sofridas em várias intervenções militares, sempre brutais e destruidoras de antigas culturas, como as do norte da África e especialmente a do Iraque e do Afeganistão.

O nosso mestre em geopolítica Luiz Alberto Moniz Bandeira (1935-2017) em seu minucioso livro, *A desordem mundial – O espectro da total dominação,* apontou os três mantras fundamentais do Pentágono e da política externa norte-americana:

1) Um mundo, um império (Estados Unidos).

2) *Full spectrum dominance:* dominar todo o espectro da realidade, na terra, no mar e no ar, com cerca de 800 bases militares distribuídas no mundo inteiro.

3) Desestabilizar todos os governos dos países que resistem ou se opõem a esta estratégia imperial. Não mais via golpe de Estado, com tanques na rua, mas mediante a difamação da política, como o mundo do sujo e do corrupto, a destruição da fama das lideranças políticas e uma articulação político-midiático-jurídica para afastar os chefes de Estado resistentes (cf. Bandeira, 2016).

Efetivamente, isso ocorreu em Honduras, na Bolívia e no Brasil com o golpe contra Dilma Rousseff em 2016 e posteriormente com a injusta prisão de Lula. Agora, o novo compromisso estratégico da Otan obedece a essa orientação, imposta pelos Estados Unidos, valendo para todos e sob o pretexto de segurança e estabilidade do mundo.

Ocorre, por um lado, que o império norte-americano está à deriva, por mais que ainda se apele ao seu excepcionalismo e ao "destino manifesto", segundo o qual os Estados Unidos seriam o novo povo de Deus que iria levar para as nações a democracia, a liberdade e os direitos (sempre entendidos dentro do código capitalista).

Por outro, a Rússia se refez da erosão do Império Soviético, fortificou-se com armas nucleares potentes, com mísseis inatacáveis e disputa um forte espaço no processo de globalização. Já a China se fortaleceu com novos projetos, como o *caminho da seda* e como uma potência econômica tão potente que, daqui há pouco ultrapassará a norte-americana. Paralelamente a isso surgiu no Sul Global, um grupo significativo de países, o Brics (Índia, China, África do Sul e outros), do qual o Brasil participa. Em outras palavras, já não há um mundo unipolar, mas multipolar.

Isso exaspera a arrogância dos norte-americanos, especialmente os supremacistas neoconservadoristas (neocons), que afirmam ser necessário continuar a guerra na Ucrânia para sangrar e eventualmente arrasar a Rússia e neutralizar a China, para confrontá-la em uma fase posterior. Desta forma – esta é a pretensão neocon – se voltaria ao mundo unipolar, sob o domínio dos Estados Unidos.

Nisso estão os elementos que podem gerar uma Terceira Guerra Mundial, que será final. Um destruirá o outro, consoante a fórmula: $1 + 1 = 0$. O Papa Francisco, em sua intuição clara, tem falado repetidas vezes que já estamos dentro da "terceira guerra mundial em pedaços". Por isso, ele conclama, em tom quase desesperado (mas sempre pessoalmente esperançoso), de que "estamos todos no mesmo barco; ou nos salvamos todos ou ninguém se salva" (*Fratelli Tutti*, n. 32). A mesmíssima constatação é feita frequentemente pelo eminente intelectual Noam Chomsky. Enfaticamente afirma que há suficientes loucos no Pentágono e na Rússia que querem essa guerra, que pode colocar um fim à espécie humana. É a razão tornada irracional, enlouquecida e suicida.

Desta forma, reforça-se o letal paradigma do *dominus* (senhor e dono) da Modernidade e se debilita a alternativa do *frater* (irmão e irmã), proposta pelo Papa Francisco em sua Encíclica *Fratelli Tutti*, inspirada no melhor homem do Ocidente, Francisco de Assis. Ou nos confraternizamos entre nós e com a natureza, ou então estamos, nas palavras do secretário da ONU António Guterres, "cavando a nossa própria sepultura".

Por que se optou pela *vontade de poder* e não pela *vontade de viver* dos pacifistas Albert Schweitzer, Leon Tolstói, Mahatma Gandhi e Dom Hélder Câmara? Por que a Europa, que produziu tantos sábios, gênios, santos e santas escolheu este caminho, que pode devastar todo o planeta e até fazê-lo inabitável? Ela acolheu como orientador o mais perigoso dos arquétipos, segundo C.G. Jung; aquele do poder, capaz de nos autodestruir? Deixo aberta esta questão que Martin Heidegger levou sem resposta à sepultura. Pesaroso, deixou escrito para ser publicado na pós-morte: "Só um Deus nos poderá salvar".

Pois é nesse Deus vivo e fonte de vida que colocamos nossa esperança. Isso ultrapassa os limites da ciência e da razão instrumental-analítica. É o salto da fé, que também representa uma virtualidade presente no processo global cosmogênico. A alternativa a esta esperança são as trevas. Mas a luz tem mais direito do que as trevas. Nessa luz cremos e esperamos.

Segunda parte

A vida do espírito e a ética do cuidado

O colapso atual da ética e princípios de seu ressurgimento

Vivemos e sofremos no Brasil, entre 2019 e 2022, tempos sombrios sob o governo de Jair Bolsonaro, no qual a ética foi enviada ao limbo e tudo praticamente valia (as *fake news*, as mentiras, a pregação da violência e a exaltação da tortura). Em nível internacional assistimos, desolados, a guerra Rússia-Ucrânia. Esta guerra representa a negação de todos os valores civilizatórios, pois uma grande potência nuclear está literalmente destruindo uma pequena nação e seu povo.

Sem perder de vista os dois dados referidos, fazem-se notar dois fatores principais, entre outros, que atingem o coração da ética: a globalização do capitalismo depredador e a mercantilização da sociedade.

A mundialização do capitalismo e do neoliberalismo mostrou as consequências perversas da ética capitalista, com os seus eixos estruturantes: a acumulação de bens, de modo individual ou por grandes corporações; a concorrência desenfreada; o assalto aos bens e serviços da natureza; a flexibilização das leis; e a postulação do Estado mínimo em sua função de garantir uma sociedade civilizatoriamente equilibrada. Tal ética nega os valores básicos da convivência humana, pois é altamente conflitiva, desconhece a solidariedade e se rege pela concorrência mais feroz que faz de todos os adversários inimigos a serem vencidos.

Bem diferente, por exemplo, é a ética da cultura maia, que coloca tudo centrado no coração, já que todas as coisas nasceram do amor de dois grandes corações, do Céu e da Terra. O ideal ético é criar, em todas as pessoas, corações sensíveis, justos, transparentes e verdadeiros. Ou também a ética do *bien vivir y convivir* dos andinos, já citada e que se baseia no equilíbrio com todas as coisas; entre os humanos, com a natureza e com o universo.

A globalização (que não é apenas econômica), inter-relacionando todas as culturas, também revelou a pluralidade dos caminhos éticos. Uma de suas consequências é a relativização generalizada dos valores éticos. Isso leva ao vale-tudo, ao mundo da pós-verdade ou das verdades definitivas subjetivamente, consoante os próprios interesses. Sabemos que a *lei e a ordem*, demonstradas pelos grandes historiadores das culturas e das mais diversas sociedades, são os pré-requisitos para qualquer civilização, em qualquer parte do mundo.

O que observamos é que a humanidade está cedendo diante da barbárie rumo a uma verdadeira idade das trevas mundial, tal é o descalabro ético que estamos vendo. Não sabemos para onde este ocaso da ética nos conduzirá. Somente sabemos que assim como está, não pode continuar, para não nos devorarmos mutuamente.

O outro grande empecilho à ética é a mercantilização da sociedade, aquilo que Karl Polanyi chamava, já em 1944, de "a grande transformação". É o fenômeno da passagem de uma *economia de mercado* para uma *sociedade puramente de mercado*.

Tudo se transforma em mercadoria, coisa já prevista por Karl Marx em seu texto *A miséria da filosofia,* de 1848, quando se referia ao tempo em que as coisas mais sagradas como a verdade e a consciência seriam levadas ao mercado para ganhar seu preço; mercantilizariam-se órgãos humanos; pessoas seriam reduzidas a escravas sexuais; o surgimento de novas relações de trabalho semelhantes à escravidão; e outras perversidades que nem ousamos enumerar. Seria o "tempo da grande corrupção e da venalidade universal", na expressão de Marx. E estamos vivendo neste tempo.

A economia, especialmente a especulativa, dita os rumos da política e da sociedade como um todo que se caracteriza pela geração de um profundo fosso entre os poucos ricos e grandes maiorias empobrecidas. Aqui se revelam traços de barbárie e de crueldade como poucas vezes houve na história.

O que descrevemos nos leva ao pessimismo da razão feita irracional, mas queremos cultivar o otimismo da vontade ética. Nesse otimismo realista nos perguntamos: Qual é a ética que nos poderá orientar como humanidade, vivendo na mesma Casa Comum? E respondemos: É aquela ética que se enraíza naquilo que é específico nosso, enquanto humanos, e que por isso ganha a característica de universalidade, podendo ser assumida por todos.

Estimo que em primeiríssimo lugar está a ética do cuidado. Consoante a fábula 220 do escravo Higino, do tempo do Imperador César Augusto – bem interpretada por Martin Heidegger em *Ser e tempo* e detalhada por mim em *Saber Cuidar* –, constitui o substrato ontológico do ser humano; ou seja, aquele conjunto de fatores objetivos sem os quais jamais surgiria o ser humano e outros seres vivos. Pelo fato de o cuidado pertencer à essência do humano, todos podem vivê-lo e dar-lhe formas concretas, segundo as diferentes culturas. O cuidado pressupõe uma relação amigável e amorosa para com a realidade, da mão estendida para a solidariedade, e não do punho cerrado para a dominação. A ética do cuidado é outro nome para a ética do amor; pois tudo o que amamos também cuidamos, e tudo o que cuidamos também amamos. No centro do cuidado está a vida amada e cuidada. A civilização deverá ser bio-sócio-centrada.

Outro dado de nossa essência humana é *a solidariedade* e a ética que daí se deriva. Sabemos hoje pela bioantropologia, que foi a solidariedade de nossos ancestrais antropoides que permitiu dar o salto da animalidade para a humanidade; eles buscavam os alimentos e os consumiam solidariamente.

Todos vivemos porque existiu e existe um mínimo de solidariedade, começando pela família; o que foi ontem continua sendo ainda hoje.

Outro caminho ético ligado à nossa estrita humanidade é a ética da responsabilidade *universal*. Ser responsável é dar-se conta das consequências benéficas ou maléficas de nossos atos pessoais e sociais. Ou assumimos juntos responsavelmente o destino de nossa Casa Comum ou então percorreremos um caminho sem retorno. Somos responsáveis pela sustentabilidade de Gaia e de seus ecossistemas para que possamos continuar a viver juntamente com toda a comunidade de vida.

O filósofo Hans Jonas, o primeiro a elaborar *o princípio responsabilidade*, agregou a ele a importância do medo coletivo. Quando este surge e os humanos começam a se dar conta de que podem conhecer um fim trágico e até de desaparecer como espécie, irrompe um medo ancestral que os leva a uma ética de sobrevivência. O pressuposto inconsciente é que o valor da vida está acima de qualquer outro valor cultural, religioso ou econômico.

Importa também resgatar a ética da justiça para todos. A justiça é o direito mínimo que tributamos ao outro, de que possa continuar a estar no mundo e dando-lhe o que lhe cabe para a sua existência e subsistência como pessoa, tratada com dignidade e respeito.

Especialmente as instituições devem ser justas e equitativas para evitar os privilégios e as exclusões sociais que tantas vítimas produzem, particularmente no Brasil, um dos mais desiguais, mais injustos do mundo. Daí se explica o ódio e as discriminações que dilaceram a sociedade, vindos não do povo, mas daquelas elites endinheiradas que não aceitam o direito para todos, querendo preservar seus privilégios.

A justiça não vale apenas entre os humanos, mas também deve ser estendida à natureza e à Terra – justiça ecológica, – pois são portadoras de direitos e, por isso, devem ser incluídas em nosso conceito de democracia socioecológica.

Por fim, devemos incorporar uma ética da sobriedade compartida para lograr o que dizia Xi Jinping, chefe supremo da China "uma sociedade moderadamente abastecida", e com palavras semelhantes, proposta pela Doutrina Social da Igreja, e especialmente pelo Papa Francisco. Isto significa um ideal em grau zero e alcançável.

Estes são alguns dos parâmetros mínimos para uma ética válida para cada povo e para a humanidade, reunida na Casa Comum. Muitos outros poderiam ser elencados, mas estes formam o mínimo do mínimo. Caso contrário, poderemos conhecer o caminho já percorrido pelos dinossauros.

A vida do espírito e a ética do cuidado face ao alarme ecológico

Várias ameaças pairam sobre o sistema-vida e o sistema-Terra: o holocausto nuclear; a catástrofe ecológica do aquecimento global e da escassez de água potável; a catástrofe econômico-social sistêmica, com a radicalização do neoliberalismo que produz extrema acumulação à custa de uma pobreza espantosa; a catástrofe moral, com a falta generalizada de sensibilidade para com as grandes maiorias sofredoras; a catástrofe política, com a ascensão da direita e a corrosão do espírito da democracia. Assim como se encontram, a Terra e a humanidade não poderão continuar, sob o risco de um grande desastre ecológico-social.

Detenho-me em acontecimentos recentes no Brasil: as grandes chuvas de fevereiro de 2020, com inundações desastrosas que afetaram várias cidades do país e paralelamente incêndios colossais na Austrália, seguidos imediatamente de inesperadas inundações, constituem sinais inequívocos de que a Terra já perdeu o seu equilíbrio e está buscando um novo. E esse novo poderá significar a devastação de importantes porções da biosfera e de parte significativa da espécie humana. Isso ocorrerá, apenas não sabemos quando e como. O fato é que já estamos dentro da sexta extinção em massa. Inauguramos, segundo alguns cientistas, uma nova era geológica, a do antropoceno, pela qual a atividade humana se faz responsável pela destruição das bases que sustentam a vida. A isso se acrescenta o necroceno e o piroceno, expressões mais desastrosas do antropoceno.

Os diferentes centros científicos que sistematicamente acompanham o estado da Terra atestam que, de ano para ano, os principais itens que perpetuam a vida (água, solos, ar puro, fertilidade, climas e outros) estão se deteriorando. Quando isso vai parar?

O Dia da Sobrecarga da Terra (*the Earth Overshoot Day*) foi atingido em 27 de julho de 2022. Isso significa que até aquela data foram consumidos todos os bens e os serviços naturais disponíveis, e os sinais de possíveis desastres foram acionados. Se teimarmos em manter o consumo atual, aplicaremos violência contra a Terra, forçando-a a dar o que já não tem ou não pode mais repor. Sua reação a essa violência se expressa nos vários fenômenos ecológicos e sociais já referidos, especialmente o aumento do dióxido de carbono e do metano (28 vezes mais danoso do que o CO_2), a intrusão de vírus e de doenças causadas pela mudança climática e pelo crescimento da violência social, já que Terra e humanidade constituem uma única entidade relacional.

Ou mudamos nossa relação para com a Terra viva e para com a natureza ou, segundo Sigmund Bauman, "engrossaremos o cortejo daqueles que rumam na direção de sua própria sepultura". Desta vez não dispomos de uma arca de Noé salvadora.

Não temos outra alternativa senão mudar. Quem acredita no messianismo salvador da ciência é um iludido; a ciência pode muito, mas não tudo: ela detém os ventos, segura as tempestades, limita o aumento dos oceanos? Não basta diminuir a dose, mas continuar aplicando o mesmo veneno ou apenas cobrir as chagas da Terra, sem curá-las.

Precisamos assumir urgentemente um outro tipo de relação para com a natureza e a Terra, contrário ao dominante. Vale dizer, faz-se mister um novo paradigma de produzir, distribuir, consumir, cuidar e conviver na mesma Casa Comum. A mudança exige atenção a algumas pilastras sustentadoras desse edifício; caso contrário, teremos sempre mais do mesmo, e de forma pior.

1ª) Uma visão espiritual diferente do mundo e sua correspondente ética. Necessariamente, isso não está relacionado à religiosidade, mas à relação respeitosa e não utilitarista para com a natureza, estabelecendo com ela um laço de afetividade, descobrindo sentidos e valores que dela irradiam, especialmente conscientizando-nos daquela Energia misteriosa e amorosa que tudo sustenta. A alternativa é esta: ou nos relacionamos com a natureza e a Terra como um baú cheio de recursos para a nossa exploração e uso, querendo submetê-las aos nossos propósitos, ou nos relacionamos sentindo-nos parte da natureza e da Terra, adaptando-nos a seus ritmos. Não sobre elas, mas ao pé de todas as criaturas, com uma consciência de cuidá-las e protegê-las para que continuem a existir e a evoluir. Esse é paradigma alternativo que implica respeito e veneração, pois formamos um todo orgânico no qual cada ser possui um valor em si mesmo, independentemente do uso que fazemos dele, mas sempre relacionado aos demais seres.

Essa nova sensibilidade e espiritualidade constituem parte do novo paradigma. Ele poderá dar origem a um outro tipo de civilização, integrada no todo e em um diferente modo de habitar a Casa Comum. Sem essa sensibilidade-espiritualidade e sua tradução em uma ética ecológica de cuidado, não superaremos o caos atual.

Enfatizamos que tudo dependerá do tipo de relação que estabeleceremos com a Terra e a natureza: ou de uso e exploração ou de pertença e convivência respeitosa e cuidadora.

2ª) Resgatar o coração, o afeto, a empatia, a compaixão e o *pathos*. Esta dimensão foi descurada em nome da objetividade da tecnociência. Mas nela se aninha o amor, a sensibilidade para com os outros, a ética dos valores e a dimensão espiritual. Porque não se dá lugar ao afeto e ao coração não há por que respeitar a natureza e escutar as mensagens que ela está nos enviando; por exemplo: as enchentes e o aquecimento global.

A tecnociência operou uma espécie de lobotomia nos seres humanos, que já não sentem o grito da Terra e o clamor dos pobres. Imaginam que a Terra é uma simples dispensa de recursos infinitos a serviço de um projeto de enriquecimento infinito. Devemos passar de uma sociedade industrialista e consumista, que exaure a natureza, para uma sociedade de conservação e cuidado de toda a vida e de consumo sóbrio e compartido. Faz-se necessário articular coração e razão para dar conta dos problemas que nossa realidade complexa nos desafia.

3ª) Levar a sério o princípio de *cuidado* e de *precaução*. Ou cuidamos do que restou da natureza e regeneramos o que devastamos, impedindo novas depredações – como o MST, que propôs plantar, no ano de 2020, 1 milhão de árvores nas áreas assoladas pelo agronegócio –, ou nosso tipo de sociedade degenerará, até perder grande parte de sua vitalidade e o sentido de sua existência, entregue à anomia e à dilaceração de seu tecido social.

A precaução exige que não se coloquem atos nem se façam experimentos cujas consequências não possam ser controladas. Ademais, a filosofia antiga e moderna já viu que o cuidado, sendo da essência humana, constitui a pré--condição necessária para que surja qualquer ser. Ele emerge também como o norteador antecipado de toda ação para que seja benéfica, e não maléfica. Se a vida, também a nossa, não for cuidada, adoece, definha e morre. A prevenção e o cuidado também são decisivos no campo da nanotecnologia e da inteligência artificial autônoma. Esta pode "decidir", com seus milhões e milhões de algoritmos, independentemente de nossa consciência; pode penetrar em arsenais nucleares, ativar ogivas, pondo fim à nossa civilização.

4ª) *Respeito a todo ser.* Cada ser tem valor intrínseco e seu lugar no conjunto dos seres. Mesmo o menor deles revela algo do mistério do mundo e do Criador, sendo que o respeito impõe limites à voracidade de nosso sistema depredador e consumista. Quem melhor formulou uma ética do respeito foi o médico e pensador Albert Schweitzer (†1965). Ele dizia: ética é a responsabilidade e o respeito ilimitado por tudo o que existe e vive. Esse respeito pelo outro nos obriga à tolerância, urgente no mundo, e especialmente governos que nutrem desprezo aos negros, aos indígenas, aos quilombolas, às mulheres e aos LGBTQIA+.

5ª) Atitude de *solidariedade* e de *cooperação.* Esta é a lei básica do universo e dos processos orgânicos. Todas as energias e todos os seres cooperam uns com os outros para que se mantenha o equilíbrio dinâmico, garanta-se a diversidade e todos possam coevoluir. O propósito da evolução não é conceder a vitória ao mais adaptável, mas permitir que cada ser, mesmo o mais frágil, possa expressar virtualidades que emergem daquela Energia de Fundo ou da Fonte que faz ser tudo o que é; que a todo momento tudo sustenta. Tudo saiu dela e para ela tudo retorna.

Devido à degradação geral das relações humanas e naturais, à ambição e ao egoísmo, devemos, como projeto de vida, ser *conscientemente* solidários e cooperativos. Caso contrário, não salvaremos a vida nem garantiremos um futuro promissor para a humanidade. O sistema econômico e o mercado não estão fundados na cooperação, mas na competição, e a mais desenfreada. Por isso, são criadas tantas desigualdades, a ponto de 1% da humanidade possuir o equivalente aos 99% restantes.

6ª) Fundamental é a *responsabilidade coletiva*. Ser responsável é dar-se conta das consequências de nossos atos. Hoje construímos o *princípio da autodestruição*. O ditame categórico deveria ser: aja de forma tão responsável, que as consequências de tua ação não sejam destrutivas para a vida e seu futuro, não ativando a autodestruição.

7ª) Envidar todos os esforços na consecução de uma *biocivilização* centrada na vida e na Terra. Tudo o mais se destina a esse propósito. O tempo das nações já passou. Agora, no contexto de um novo paradigma, é tempo da construção da Casa Comum, pois o destino feliz ou infeliz dela significará também o destino feliz ou infeliz da humanidade. Sua realização não se fará se não construirmos sobre estas pilastras. Então poderemos viver e conviver; conviver e nos alegrar; alegrar-nos e desfrutar da alegre celebração da vida.

11

Condições para o bem-estar planetário

Antes de abordarmos o tema do bem-estar planetário devemos nos dar conta de três grandes ameaças que pesam sobre o sistema-Terra e o sistema-vida.

O primeiro e o mais ameaçador é o crescente *aquecimento global*. As recomendações feitas na COP15, em Paris, e reiteradas na COP16, em Glasgow, não foram cumpridas por grande parte dos países. O objetivo era diminuir até 2030 em 43% a emissão de gases de efeito estufa. Houve apenas a insuficiente redução de 7%. Isso é extremamente danoso, pois uma grande parte dos organismos vivos poderão não se adaptar e lentamente desaparecer. Esta constatação não isenta a espécie humana.

Cabe recordar que, com a acumulação já existente na atmosfera de CO_2 e de metano, os eventos extremos serão inevitáveis. Com a ajuda da ciência e da tecnologia, eles poderão ser apenas mitigados. Basta observar os sucessivos transtornos climáticos, que na Índia, por exemplo, a temperatura chega a se aproximar dos 50°C.

Isso tem levado ao ceticismo e ao tecnofatalismo de muitos cientistas e climatólogos. Infelizmente, afirmam eles: chegamos tarde demais; entramos em um novo regime climático, impossível de ser detido totalmente; alcançamos uma nova fase chamada *piroceno* (*pyros* em grego é fogo), podendo ser mais perigosa do que as anteriores. Ela resulta do aquecimento do solo, com ausência de umidade; e o calor excessivo, além da ação sobre os seres humanos, pode, por exemplo, aquecer uma pedra, incendiando gravetos e folhas secas, levando a incêndios de grandes dimensões.

Este fenômeno ocorreu em 2022, quando quase toda a Europa se incendiou, como também partes da Sibéria, Austrália, Califórnia e Amazônia. Junto às queimadas, surgem grandes ondas de pó, oriundas dos desertos e dos solos ressequidos, prejudicando as florestas, inclusive na produção da fotossíntese, que fornece o oxigênio, tão essencial a todas as formas de vida.

A *segunda grave ameaça* é a *erosão da biodiversidade*. Segundo dados do eminente biólogo E. Wilson, a cada ano estão desaparecendo entre 70 e 100 mil organismos vivos; 1 milhão deles está sob grave risco de também desaparecerem. Com isso, desequilibram-se os climas, o regime das chuvas e toda a produção de alimentos do planeta. Acresce ainda a crescente escassez de água potável e a diminuição da umidade dos solos, prejudicando sua fertilidade.

A *terceira ameaça* é a Sobrecarga da Terra, já abordada anteriormente. Já consumimos mais de 74% dos recursos que o planeta pode repor anualmente. O nível de consumo, especialmente das populações opulentas do planeta, está exigindo mais de um planeta e meio (1,7), o que torna insustentável seu equilíbrio.

Sou da opinião de que a presença da covid-19 foi/é um contra-ataque da Mãe Terra contra a sistemática agressão em nosso modo de habitá-la. Trata-se de uma expressão do antropoceno: nós, seres humanos, nos transformamos em grande ameaça à vida, em todas as suas formas. Ao invés de anjo cuidador da natureza e de Gaia, tornamo-nos o seu anjo exterminador.

No meu modo de ver, há uma interpretação divergente dos chefes de Estado, dos CEOs das grandes empresas, de grande parte dos analistas da pandemia da covid-19 e muito menos da humanidade como um todo. Há o desejo de voltar à antiga normalidade, exatamente aquela que nos trouxe esse vírus e que poderá nos trazer outros, caso a nossa relação hostil para com a natureza não seja alterada. Oxalá não venha o temido *Next Big One*, resistente a qualquer tipo de vacina, implicando a destruição de grande parte da espécie humana.

O que é o bem-estar planetário e como ele pode ser visualizado

Dentro deste quadro sombrio é que devemos colocar esta questão: em que medida a humanidade e todos os países podem e devem colaborar para um possível e desejável bem-estar planetário.

Aqui vale a advertência do Papa Francisco em sua Encíclica *Laudato Si' – Sobre o cuidado da Casa Comum* (2015), dirigida a toda a humanidade, e não apenas aos cristãos: "todos devemos fazer uma global conversão ecológica" (n. 5).

Sem esta disposição para a mudança não superaremos as ameaças e poderemos chegar a um ponto de não retorno. Estaríamos diante do colapso de nossa civilização e mesmo de nossa existência sobre esse planeta. Na Encíclica *Fratelli Tutti* (2021), o mesmo pontífice foi enfático ao dizer: "estamos no mesmo barco; ou nos salvamos todos ou ninguém se salva" (n. 34). Ainda em 2022, em um encontro sobre o clima em Berlim disse o secretário da ONU, António Guterres: "esta é a única alternativa: ou colaboramos todos juntos ou será o suicídio".

Alimentamos, no entanto, a esperança da *Carta da Terra* (2003), de que "nossos desafios ambientais, econômicos, políticos, sociais e espirituais estão interligados e, juntos, poderemos forjar soluções includentes" (Preâmbulo, d).

Antes, porém, é importante aclarar o que se entende por "bem-estar planetário". A resposta não pode ser antropocêntrica, como se o ser humano fosse o centro de tudo e o único a ter um fim em si mesmo. Ao contrário, ele é um elo da corrente da vida e parte inteligente da natureza. Vale o que assevera a *Carta da Terra*: temos de "reconhecer que todos os seres são interligados e cada forma de vida tem valor, independentemente de sua utilidade para os seres humanos" (I,1a).

No plano *infraestrutural*, o bem-estar é o acesso justo de todos aos bens básicos, como alimentação, saúde, moradia, energia, segurança e comunicação. Em termos planetários, o bem-estar demanda a manutenção da integridade da Terra, com todos os seus ecossistemas. Importante é garantir a sustentabilidade de todos os elementos essenciais que sustentam a vida, como água, solo, clima favorável, preservação da biodiversidade, especialmente dos insetos, abelhas e outros, responsáveis pela polinização, sem a qual as espécies não conseguem se reproduzir.

No plano *social*, é a possibilidade de se levar uma vida material e humana satisfatória, com dignidade e liberdade, em ambiente de cooperação, solidariedade e convivência pacífica.

Em termos planetários, o bem-estar exige profunda revisão de nosso modo de consumo. Pequena porção da humanidade possui um consumo suntuoso, supérfluo e com grande desperdício, deixando uma grande parte em condições de pobreza e de miséria, ocasionando anualmente milhares de mortes por fome ou em consequência de doenças dela decorrentes. O consumo, para atender às demandas de toda a humanidade, deve ser moderado, compartido e solidário. Esse tipo de bem-estar, que equivale ao bem-comum, vale para todos os países e povos.

Mas como somos parte da natureza e sem ela não poderíamos viver, o bem-estar inclui a *comunidade biótica*, os ecossistemas e todos os representantes das diferentes espécies que têm o direito de existir, de serem respeitados como portadores de direitos. Pertence, também, ao bem-estar planetário o respeito ao mundo abiótico, como paisagens, montanhas, rios, lagos e oceanos, pois formamos com todos eles a grande comunidade terrenal.

Dada a religação de todos com todos, a cooperação entre todos é a seiva secreta que nutre o bem-estar planetário. Todo o planeta, entendido como um super Ente que sistemicamente articula o físico, o químico e o biológico, vive a partir de um bem-estar, com a condição de que seja mantido o equilíbrio de todos os elementos que o compõe. Ademais, importa que consiga permanentemente se manter e se autorreproduzir.

Na quase totalidade dos países estão em curso projetos e práticas, especialmente nos movimentos sociais populares, empenhados na virada ecológica. Assim, introduzem uma bioeconomia que respeita os ritmos da natureza, oferecendo ao solo um tempo necessário à regeneração de seus nutrientes. Também estão desenvolvendo uma economia circular: redução, reuso e reciclagem de materiais. A Via Campesina e o Movimento dos Sem-Terra no Brasil, que envolvem milhares de famílias, desenvolveram uma rica agroecologia popular e participativa, tornando-se o maior produtor de arroz orgânico da América Latina.

Vale ressaltar o projeto Cultivando Água Boa junto à segunda maior hidrelétrica do mundo, a Itaipu Binacional. Organizou os 29 municípios ribeirinhos, o projeto envolve cerca de 1 milhão de pessoas. Elas trabalham articuladamente em favor da agroecologia e do reflorestamento de grandes áreas, recuperando mais de 1 mil quilômetros de matas ciliares. Trata-se de uma ecologia integral que envolve o ambiente, a sociedade e várias culturas: indígena, quilombola, italiana, alemã, polonesa, além da brasileira. A iniciativa foi tão eficaz, que recebeu vários prêmios internacionais, sendo reconhecida pela ONU como exemplo de que uma megaempresa pode ser, ao mesmo tempo, ecológica e produtiva.

Cumpre reconhecer que também cresce o número de empresas que assumiram o paradigma socioecológico e a responsabilidade social no entorno de suas instalações. Infelizmente, a grande maioria continua com uma produção geradora de gases de efeito estufa, contribuindo com o aumento da temperatura terrestre.

Como medir e avaliar as contribuições ao bem-estar planetário

Esta não é tarefa fácil, pois fundamentalmente se trata mais de qualidade e menos de quantidade. Que bem-estar se produz para as populações e como se garante a sustentabilidade do sistema-vida e do sistema-Terra? Este constitui o grande desafio, especialmente porque estamos dentro do paradigma industrialista e explorador dos recursos naturais.

Na ausência de critérios objetivos, orientam-nos critérios valorativos, em função do bem-estar planetário. Inspira-nos a conclusão da *Carta da Terra*:

> Como nunca antes na história, o destino comum nos conclama a buscar um novo começo. Isso requer uma mudança na mente e no coração. Requer também um sentido de interdependência global e de responsabilidade universal [...]. Assim se alcança um modo de vida sustentável aos níveis local, nacional, regional e global.

A seguir vamos esmiuçar esta citação:

"Mudança na mente": a Terra como Gaia

O novo paradigma pressupõe uma outra visão da Terra, diversa daquela clássica, ainda dominante, fundada na física e na matemática. Ela via a Terra como a simples *res extensa* de Descartes, algo meramente quantitativo, sem vida e sem propósito.

As ciências da Terra e da vida, a nova cosmologia e astrofísica projetaram a partir de 1970 uma nova visão do planeta. O primeiro a fazê-lo foi James Lovelock, ao comparar os componentes físico-químicos da Terra com nossos dois planetas vizinhos: Marte e Vênus. A partir disso, ele concluiu que a Terra é um Ente vivo que organiza, de forma sistêmica, todos os componentes, de tal forma que sempre continua vivo e gerador de vida a toda natureza. Chamou-a de Gaia, a deusa grega responsável pela vida. Em 1926, W. Vernaski já havia sugerido que a Terra como um todo fosse estudada e entendida ecologicamente, e que a biosfera fosse compreendida como parte integrante do planeta Terra. Seu livro fundador se intitulou *A biosfera*.

Essa compreensão supera a dominante, que ainda vê a Terra como uma espécie de baú, cheio de recursos infinitos que permitem um projeto de crescimento/desenvolvimento também infinito. Ocorre que estes dois infinitos são ilusórios. Verdadeiramente, a Terra é um planeta vivo pequeno, já velho e superexplorado, com bens e serviços naturais limitados, e por isso não suporta um projeto ilimitado.

A *Carta da Terra*, acolhendo os dados mais seguros das ciências afirma que "a Terra, nosso lar, está viva com uma comunidade de vida única" (Preâmbulo b). O mesmo é dito na Encíclica *Laudato Si' – Sobre o cuidado da Casa Comum* (2015). O termo *Casa Comum*, que passou a fazer parte do linguajar ecológico, pedagógico e político, expressa a nova fase da Terra e da humanidade, a fase planetária; são teias de relações de todo tipo que enlaçam o planeta, seus habitantes e a natureza.

Esta é a nova mente, a nova visão da Terra que devemos assumir se quisermos verdadeiramente falar de bem-estar planetário. Como se encontra atualmente, a Terra é uma Casa Comum em ruínas e devastada pela voracidade industrialista que tomou conta de todos os países. Não sem razão a *Carta da Terra*, de forma dramática, conclama a "formar uma aliança global para *cuidar* da Terra e uns dos outros, ou arriscar a nossa destruição e a da diversidade da vida" (Preâmbulo, d). Enfatiza o que também as encíclicas pontifícias repetem à saciedade: "temos que cuidar da comunidade da vida com compreensão, compaixão e amor" (Princípio I,2).

Se não desenvolvermos uma ética planetária, que envolve a ética do cuidado, do respeito e da corresponsabilidade, dificilmente garantiremos o bem-estar da Terra. Precisamos estabelecer um laço afetivo com ela e com todos os seres, sentindo-nos realmente parte da natureza e vivendo uma relação de irmandade que une todos nós.

Talvez ninguém tenha expressado melhor essa profunda irmandade do que o Papa Francisco em sua Encíclica *Laudato Si' – Sobre o cuidado da Casa Comum*: "Tudo está relacionado e todos nós, seres humanos, caminhamos juntos como irmãos e irmãs numa peregrinação maravilhosa, unidos com terna afeição ao Irmão Sol, à Irmã Lua, ao Irmão rio e à Mãe Terra" (n. 92).

Há um dado de grande força de convencimento: *o Overview Effect* (a vista da terra de fora da terra). A partir da visão dos astronautas, assumimos a consciência de que Terra e humanidade formam uma única entidade. Elas têm a mesma origem e terão o mesmo destino. O próprio ser humano é terra (*humus*), aquela porção da Terra que em um momento avançado de sua complexidade e de seu desenvolvimento começou a sentir, a pensar, a amar e a cuidar.

O novo paradigma do *frater* pressupõe essa nova mente que assume a Terra como Gaia, Grande Mãe e Pachamama.

No dia 29 de abril de 2002, em sessão solene da ONU e após longas discussões, decidiu-se de forma unânime em celebrar o dia 29 de abril não apenas como o Dia da Terra, mas como o Dia da *Mãe Terra*. Considerando a Terra como solo, podemos fazer de tudo com ela, comprá-la e vendê-la. Mas se a considerarmos como Mãe, a ela cabem os valores que tributamos às nossas mães, como amor, cuidado e proteção.

O bem-estar planetário exige que preservemos as florestas, as águas, a biodiversidade, os solos e o subsolo, habitado por quintilhões de quintilhões de micro-organismos que respondem pela vitalidade e fertilidade de Gaia. Não podemos curar as feridas da Mãe Terra apenas com "esparadrapo", mas com relações amigáveis que a regenerem e lhe devolvam o equilíbrio perdido.

"Mudança no coração": o resgate da inteligência cordial

O paradigma da Modernidade se baseia fundamentalmente na razão instrumental-analítica que subjaz ao projeto da tecnociência. Este é o grande instrumento de dominação da natureza e dos povos. O uso exclusivo da razão intelectual produziu uma espécie de incapacidade nos seres humanos; incapazes de sentir o sofrimento dos pobres do mundo e as chagas da Mãe Terra. Recalcou a inteligência cordial e emocional sob o pretexto de que elas impediriam a objetividade da análise. A nova epistemologia e hermenêutica, especialmente após a física quântica, convenceu-nos de que todo o conhecimento, por mais objetivo que seja, necessariamente envolve o sujeito humano, com suas emoções e interesses. Por isso, devemos completar a razão intelectual com a razão cordial ou sensível.

Sabemos, hoje, que a razão intelectual (cérebro neocortical) surgiu há cerca de 8-9 milhões de anos, enquanto a razão cordial e sensível (cérebro límbico) irrompeu há 125 milhões de anos quando, no processo da evolução, surgiram os mamíferos. Neles se manifesta o amor e o cuidado para com a sua cria. Nós, seres humanos, somos mamíferos racionais que combinam o *logos* (a racionalidade) com o *pathos* (a sensibilidade e o coração). Na razão cordial e sensível, vigora o mundo das excelências como o amor, a empatia, a solidariedade, a ética e a espiritualidade.

Hoje, se quisermos um bem-estar planetário, devemos resgatar os direitos do coração. Temos de estabelecer um sentimento de afetividade para com todos os seres, a começar pelos humanos, com os demais seres da natureza, com plantas, animais, água, montanhas, paisagens... A razão cordial enriquece a razão intelectual e faz com que o ser humano seja tomado por uma verdadeira paixão pela Terra e por tudo o que ela contém, abrindo-o a escutar, ao mesmo tempo, o grito sofrido dos pobres e o grito de ferimento da

Terra. Assim, ele será mais humano; ou seja, mais sensível, solidário, terno e fraterno.

O bem-estar planetário requer "um sentido de interdependência global"

Uma das teses básicas da nova cosmologia e da ecologia é o fato de que todos os seres se encontram enredados em teias de inter-retro-relacionamentos. Todos evoluem conjuntamente, e um ajuda o outro, para que todos possam permanecer no processo cosmogênico, pois cada ser, por insignificante que possa parecer, possui o seu lugar e cumpre a sua função em relação ao todo.

O mesmo princípio vale para o bem-estar humano e planetário; ele só existe, efetivamente, se todos se dispuserem a colaborar, internalizando a real interdependência que vigora entre todos os fatores: ecológicos, culturais, sociais, políticos, comunitários e pessoais.

Aqui nos deparamos com o grande obstáculo do paradigma da Modernidade e do neoliberalismo: o exacerbado individualismo. O bem comum e o bem-estar planetário foram para o limbo; no lugar deles entraram a competitividade, a rentabilidade, a flexibilização e a predominância do mercado, que tudo regula, inclusive o acesso aos bens comuns, imprescindíveis para a subsistência da vida, como a água (um bem comum, natural, vital e insubstituível) e as sementes. Ambas são transformadas em *commodities*, e como tais passam a ter preço no mercado.

Também há a tendência, em nível planetário, de privatização de todos os bens públicos. À medida que se privatiza legitima-se o bem particular em detrimento do bem comum e do bem-estar social e global.

O destino comum, trágico ou bem-aventurado, depende do desenvolvimento e da interdependência de todos, incluindo-se o entorno e a natureza.

Essa interdependência global seria garantida se houvesse – o que deverá ser construído – um contrato social mundial e uma governança global para todas as questões que interessam a toda a realidade humana e ambiental. Para um problema global, impõe-se uma solução global articulada a partir de um centro pluralista (de nações, de homens e mulheres); esta é a lição a ser tirada a partir da ocorrência da covid-19.

Não basta que alguns países ou grandes corporações globalizadas vivam a interdependência global. Ela deverá ser efetivamente global, para que sejam minimizadas as ameaças que pesam sobre o nosso futuro.

O sentido da responsabilidade universal

Correlato ao princípio da interdependência global está o da *responsabilidade universal*. Esta implica dar-se conta dos efeitos danosos ou benéficos das ações pessoais e coletivas sobre todos os seres criados. A tecnociência, desvinculada de sentido ético, desencadeou uma verdadeira guerra contra

Gaia, superexplorando todos os ecossistemas: solo, subsolo, ar, rios e oceanos.

Nesta guerra, nós, seres humanos, não temos chance alguma de sair vencedores, pois a Terra é muito mais poderosa do que toda a vontade de dominação de nossa cultura tecnicocientífica e industrialista. A tendência congênita do modo de produção industrialista e capitalista é continuar explorando os recursos do planeta até torná-lo inabitável. Nesse caso, podemos contar até com a hipótese de que a Terra não nos queira mais sobre a sua face, pois ameaçamos a existência dos demais seres vivos e de sua diversidade.

Não sem razão, muitos cientistas sustentam nossa entrada em uma nova era geológica, a *antropoceno*; vale dizer, o ser humano, e não algum meteoro rasante, é a grande ameaça à vida do planeta. A dizimação de espécies, anualmente na casa dos milhares, leva muitos a falarem em *necroceno*; isto é, da morte maciça de vidas, perpetrada pela espécie humana. Ultimamente começou a se mostrar o *piroceno*; isto é, o fogo devastando vastas regiões do planeta. Se ocorrer esse verdadeiro *armageddon* ecológico, a Terra continuará seu curso, mas sem a vida que conhecemos.

No quesito responsabilidade universal, devem ser levados em conta os princípios da prevenção e da precaução. A *prevenção* ocorre quando controlamos os efeitos de nossas práticas e intervenções na natureza para que não sejam prejudiciais à atmosfera, à biosfera, à sociedade e à natureza como um todo. O princípio de *precaução* deve ser assumido "quando o conhecimento é limitado [...] e deve-se orientar as ações para evitar a possibilidade de sérios ou irreversíveis danos ambientais" (*Carta da Terra*, 6.a).

Foi mérito do filósofo Hans Jonas aprofundar o *Princípio responsabilidade* (título de seu livro) como condição fundamental para a nossa continuidade neste planeta. Tal responsabilidade universal pressupõe um nível de consciência elevada acerca dos riscos que assolam o sistema-Terra e o sistema-vida. É nesse preciso contexto que ele se refere ao "medo" e até ao "pavor" como fatores que nos obrigam a mudanças de comportamento e a assumirmos incondicionalmente o princípio responsabilidade. A humanidade, ao dar-se conta coletivamente de que pode desaparecer – seja mediante uma guerra nuclear globalizada, seja por gravíssimos transtornos do equilíbrio da Terra (aterradores eventos extremos, terremos, *tsunamis*, tufões arrasadores etc.) – pode se ver obrigada a tomar medidas enérgicas para garantir a responsabilidade universal, evitando o colapso da civilização.

O modo de sustentação em todos os âmbitos

O resultado de todo esse processo, verdadeira mudança de paradigma – "um novo começo", como se refere a *Carta da Terra* – é um "novo modo de vida nos níveis local, nacional, regional e global".

Note que a *Carta da Terra* não faz uso do mantra dominante em nossa cultura e nas políticas mundiais: desenvolvimento sustentável. Considerando-se a situação mundial, o desenvolvimento buscado (e medido pelo Produto Interno Bruto) é totalmente insustentável. Segundo dados da conhecida ONG Oxfam, de 2021, somente 8 pessoas possuem mais riqueza do que 3,6 bilhões da humanidade; ou seja, quase a metade da população mundial. No Brasil, há 6 bilhardários com riqueza equivalente a outros 100 milhões de brasileiros (a população brasileira é de 203 milhões de pessoas).

Tais dados demonstram que o nosso desenvolvimento é insustentável, fundado em duas premissas falsas: os recursos ilimitados da Terra que permitem também um crescimento/desenvolvimento ilimitado. Os dados da Sobrecarga da Terra (*The Earth Overhoot*) revelam que o planeta possui bens e serviços limitados, e grande parte deles não são renováveis, o que torna ilusório um crescimento/desenvolvimento ilimitado.

Vale, ainda, observar que no cálculo do Produto Interno Bruto somente são contabilizados os bens materiais. Entretanto, aquilo que efetivamente conta para o ser humano como amor, paz, solidariedade, convivência pacífica, cuidado para com a natureza e veneração – bens inestimáveis, embora intangíveis – não são levados em consideração (ai do país cujo PIB não mostrar níveis positivos de crescimento). Sábio é um pequeno país ao pé do Himalaia, o Butão, que criou o índice do FIB (Felicidade Interna Bruta). O primeiro valor a ser considerado é o bem-estar pessoal, seguido pelo bem-estar social e pelo índice de convivência pacífica. Somente em 13º lugar está o bem-estar econômico.

Não se trata de negar o desenvolvimento, essencial para os países pobres, que precisam se desenvolver em todas as áreas para atender às demandas de seu povo (melhor produção, suficiência alimentar, infraestrutura sanitária e rodoviária, saúde e educação). Mas o equívoco do paradigma da Modernidade que se difundiu, a partir da Europa, para todo mundo, é colocar a economia acima da política e a política acima da ética, no contexto do modo de produção capitalista. Para este, a centralidade é ocupada pelo lucro, regido pela mais feroz concorrência, com uma acumulação individual feita às custas da voraz exploração de todos os ecossistemas. A economia e o mercado são as realidades axiais que conformam a sociedade, desequilibrando as relações sociais a ponto de produzir uma dupla injustiça: uma social, com milhões e milhões lançados na pobreza e na miséria, e outra ecológica, com a devastação dos ecossistemas, dada a voracidade industrialista dominante.

Quais deveriam ser os indicadores para um bem-estar planetário

Creio que mais útil do que montar indicadores que poderão ser alterados com as transformações que ocorrem na Terra e na tecnociência, é analisar o que de fato conta: o confronto de dois paradigmas, o do *dominus* (o ser humano senhor e dono) e o do *frater* (irmão e irmã). Haverá um futuro comum se conseguirmos fazer a travessia do ser humano que se sente fora da natureza, senhor e dono dela, podendo dispô-la a seu bel-prazer, para o ser humano irmão e irmã, sabendo-se parte da natureza com a missão ética de guardar e cuidar dela.

Esta é, a meu ver, a grande questão. Dependendo da resposta, decretaremos o nosso fim sobre esta Terra ou garantiremos um futuro bom para a humanidade e para todo o planeta. Trata-se de decidir se queremos continuar sobre a Terra ou se prolongaremos o nosso paradigma de dominação, que nos poderá levar a uma catástrofe total.

A *Carta da Terra*, ao afirmar que precisamos de "um novo começo", faz coro com o grande historiador Eric Hobsbawm. No final de sua conhecida obra *A era dos extremos* (1994), ele adverte:

> Não sabemos para onde estamos indo. Contudo, uma coisa é certa. Se a humanidade quer ter um futuro aceitável, não pode ser pelo prolongamento do passado ou do presente. Se tentarmos construir o terceiro milênio nessa base, vamos fracassar. E o preço do fracasso – ou seja, a alternativa para a mudança da sociedade – é a escuridão (p. 562).

Em outras palavras: o paradigma atual, elaborado pelos pais fundadores da Modernidade com Descartes, Galileu Galilei, Newton e Francis Bacon, não tem solução para as várias crises que ele mesmo criou. Baseava-se na vontade de potência; vale dizer, de conquista e de dominação de povos, de continentes, de classes, da natureza e da vida. Entendia o ser humano como *dominus*; isto é, dono e senhor da natureza. Não se sentia parte dela e junto aos demais seres, podendo dispô-la em função do projeto técnico-científico da Modernidade.

Esse paradigma do *dominus* nos trouxe vantagens em todos os níveis da vida, do antibiótico à comunicação planetária, mas, ao mesmo tempo, criou o princípio de *autodestruição*, que pode levar ao extermínio da vida humana e danificar profundamente a biosfera.

Como dizia Albert Einstein, "o pensamento que criou os problemas não pode ser o mesmo que poderá resolvê-los". Por isso, faz-se necessário um outro tipo de pensamento. O paradigma tecnocientífico, indispensável para atender à complexidade de nossas sociedades, não pode, sozinho, dar uma resposta diante dos graves problemas atuais. Seria incorrer na ilusão de que limando os dentes do lobo, sua voracidade seria retirada, desconhecendo que esta não reside em seus dentes, mas em sua natureza. Em outras palavras, o nosso modo de habitar o Planeta Terra e o tipo de relação desrespeitosa para com os ritmos da natureza não podem nos salvar. Daí a importância das palavras da *Carta da Terra*: temos que "buscar um novo começo", e da Encíclica *Laudato Si'*: faz-se necessária "uma radical conversão ecológica" (n. 5), se quisermos continuar sob a luz benfazeja do Sol neste pequeno e belo planeta.

Como alternativa do *dominus* (dono e senhor) deverá estar a do *frater*, projetado por muitos, mas principalmente pelo Papa Francisco em sua Encíclica *Fratelli Tutti* (2020). Nesta alternativa o ser humano se sentirá parte da natureza e ligado aos demais seres, formando a comunidade de vida, pois é portador do código genético presente em todos os organismos vivos.

Nesse sentido, a *Carta da Terra* afirma que vigora "um espírito de parentesco com toda a vida" (Preâmbulo e). Todos, desde a célula mais originária até os humanos temos a mesma composição. Portanto, somos verdadeiramente irmãos e irmãs de fato.

O paradigma do *frater*, do irmão e da irmã universais, implica uma nova forma respeitosa e cuidadosa de relacionamento entre todos os humanos e também com todos os seres da natureza. A travessia de um paradigma a outro não será fácil. Implica um processo lento, mas necessário. Ele se afina com a lógica de todo o universo e com os anseios dos povos, pois é fato que todos somos inter-relacionados e dependemos uns dos outros para garantir a nossa existência e subsistência. Nisso reside a nossa salvação e a garantia da Terra, como Mãe, continuar a nos querer sobre o seu solo.

Como a *Carta da Terra* e as encíclicas papais podem nos ajudar no bem-estar planetário

A *Carta da Terra*, ao propor um "geral modo sustentável de vida" oferece uma alternativa salvadora e realizável, desde que partamos debaixo, do território, valorizando o biorregionalismo, no qual pode se concretizar a real sustentabilidade. No território se realiza o bem-estar do povo, pois nele pode ser gerada uma real integração: ser humano e natureza. Prevalecerão relações participativas entre todos, realizando-se uma democracia sócio-ecológico-cultural, com uma economia circular e agroecológica, em harmonia com os ritmos da natureza, e não os destruindo. A rede desses novos fenômenos, já em curso em várias partes do mundo, contribui substancialmente para o bem-estar planetário e antecipa um futuro benfazejo para todos. A *Carta da Terra* está inspirando novas práticas, especialmente quando é inserida nos processos educativos.

Há poucos textos orientadores para onde deve caminhar a humanidade, agora planetizada, dentro da Casa Comum. Junto com as duas encíclicas ecológicas do Papa Francisco (*Laudato Si'* e *Fratelli Tutti*, a *Carta da Terra* oferece uma visão holística e orgânica dos princípios e valores que poderão dar um novo rumo à nossa história. Ela bem que poderia servir como uma espécie de Novo Contrato Natural e Social, com a virtualidade de criar a convergência necessária entre as nações para poderem se perpetuar sobre esse pequeno e belo, mas ameaçado Planeta Terra.

Quando a humanidade se conscientizar de que vive realmente em uma única Casa Comum – a Magna Mater dos antigos, a Pachamma dos andinos e a Gaia dos modernos, com a natureza incluída –, sentir a interdependência entre todos – também com os demais seres – e vivenciar uma responsabilidade universal de cuidar desta herança sagrada – herdada do universo ou do Ser que dá o ser a todos os seres (Deus) –, então estarão dadas todas as condições para o bem-estar planetário.

Esta é a tendência do processo evolutivo universal, que inclui nosso planeta e está dentro das possibilidades humanas. Se todos cultivarmos a boa vontade – a única virtude que segundo Kant não possui nenhum defeito, pois, caso contrário, não seria boa –, esse projeto não será mais um sonho, mas uma utopia viável: um mundo menos malvado, no qual será muito mais fácil vivermos o cuidado e o amor.

A importância fundamental da vida do espírito

O conhecido e sempre apreciado piloto e escritor Antoine de Saint-Exupéry, autor de *O pequeno príncipe*, em um texto póstumo, escrito em 1943, *Carta ao General "X"* antes de seu avião se precipitar no Mediterrâneo, afirma com grande ênfase: "Não há senão um problema; somente um: redescobrir que há uma *vida do espírito*, que é ainda mais alta do que a vida da inteligência, a única que pode satisfazer o ser humano" (p. 31).

Em um outro texto, escrito em 1936 – quando ainda era correspondente do *Paris Soir* durante a guerra da Espanha –, intitulado *É preciso dar um sentido à vida*, ele retoma o tema da *vida do espírito*. Afirma: "o ser humano não se realiza senão junto com outros seres humanos, no amor e na amizade; no entanto, os seres humanos não se unem apenas se aproximando uns dos outros, mas se fundindo na mesma divindade. Em um mundo feito deserto, temos sede de encontrar companheiros com os quais con-dividimos o pão" (p. 20). No final da *Carta do General "X"* conclui: "Como temos necessidade de um Deus" (p. 36).

Efetivamente, só *a vida do espírito* confere plenitude ao ser humano. Ela representa um belo sinônimo para espiritualidade, não raro identificada ou confundida com religião. A *vida do espírito* é um dado originário de nossa dimensão profunda, um dado antropológico como a inteligência, a vontade e a libido; algo que pertence à nossa essência, estando na base de todas as religiões e caminhos espirituais. Os grandes mestres espirituais vivenciaram uma profunda experiência espiritual e fundaram, a partir dela, caminhos espirituais que normalmente desembocam em alguma forma religiosa.

Sabemos cuidar da *vida do corpo*. A medicina avança sempre mais e vigora uma verdadeira cultura do corpo, com a profusão de academias. Os psicanalistas de várias tendências nos ajudam a cuidar da *vida da psiqué*, dos nossos anjos e demônios interiores, do nosso princípio do desejo ilimitado, para levarmos uma vida com relativo equilíbrio, sem neuroses e depressões.

Porém, em nossa cultura, praticamente esquecemos de cultivar *a vida do espírito*. As religiões que deveriam, por sua natureza, cumprir essa missão, em sua maioria prega suas doutrinas, dogmas e ritos já enrijecidos, não oferecendo uma iniciação à vida do espírito. Esta é a nossa dimensão radical, na qual se albergam as grandes perguntas, aninham-se os sonhos mais ousados e se elaboram as utopias mais generosas.

A *vida do espírito* se alimenta de bens intangíveis como o amor, a amizade, a convivência amiga com os outros, a compaixão, o cuidado, o sentido de pertença à natureza e a abertura ao infinito. Sem a *vida do espírito* divagamos por aí, sem um sentido que nos oriente e que torna a vida apetecida e agradecida.

Uma ética da Terra, de reconhecimento de sua dignidade, de respeito à sua complexa e riquíssima diversidade, não se sustenta sozinha por muito tempo; ou seja, não garante sua sustentabilidade sem esse *supplément d'ame*, que é a *vida do espírito*. Facilmente a ética decai em moralismo, em apelos espiritualistas ou até em doutrinas esotéricas, sem chegar ao coração das pessoas.

A vida do espírito – isto é, a espiritualidade – nos faz sentir parte da Mãe Terra, a quem devemos amar e cuidar, pois esta é a missão que o universo e Deus nos confiaram. Ela nos faz intuir uma Presença poderosa e amorosa que pervade todos os seres, sustentando e fazendo-os evoluir. Nesse sentido, neurólogos e neurolinguistas chegam a falar de "um ponto deus no cérebro"; vale dizer, uma vantagem evolutiva em nossa vida pela qual, a partir do lobo frontal, por uma singular excitação do cérebro, intuímos a Presença misteriosa, subjacente a tudo o que existe.

Os cosmólogos denominam a vida do espírito como o *Abismo gerador de todas as coisas*. Outros evitam utilizar o que inicialmente se chamou de *Vácuo quântico*, porque de vácuo não possui nada, mas é o oceano sem limites de todas as possibilidades de ser. Também é denominada de *Energia Misteriosa de Fundo*, que subjaz ao inteiro universo.

Essa experiência da Presença misteriosa fez com que o tipógrafo, poeta e místico inglês William Blake (1757-1827) compusesse estes memoráveis e sempre citados versos:

> Ver o mundo num grão de areia
> E o paraíso numa flor do campo
> Segurar o Infinito na palma da mão
> E a eternidade numa hora.

Seja como for, o fato é que nós, humanos, não estamos cumprindo a missão que nos foi dada no ato de nossa criação, a de "guardar e cuidar do Jardim do Éden" (Gn 2,15); isto é, da Mãe Terra. A nossa omissão teve como consequência o fato inegável de que chegamos ao limite extremo e insuportável do planeta. Podemos ir ao encontro de grandes catástrofes ecológico-sociais, pela mudança drástica do regime climático, por guerras nucleares devastadoras e por outros fatores que desequilibram a Terra. Não é impossível de até nos autodestruirmos, frustrando o desígnio do Criador.

Confiamos e esperamos na mínima racionalidade que ainda nos resta, imbuída da inteligência emocional e cordial, que nos forçarão a mudar de rumo e inaugurar uma biocivilização na qual a amizade entre todos e os laços de amor, também para com os seres da natureza, poderão nos salvar. Então, a vida do espírito terá realizado a sua missão salvadora.

O amor pertence ao DNA do ser humano

Assistimos estarrecidos, em grande parte do mundo, uma onda de ódio, desprezo, exclusão e violência, simbólica e física, que suscita a questão: Por que existe esse dado sinistro nas pessoas? Os mais eminentes pesquisadores sobre o segredo da vida humana nos garantem que por *natureza*, e não simplesmente por um *projeto pessoal ou social*, o amor, a cooperação, a solidariedade e a compaixão estão inscritos em nosso DNA. Os que vivem alimentando ódio são inimigos de si mesmos e da própria vida. Por isso, nada de efetivo produzem, senão desgraças, exclusões, crimes e morte. É o que lastimavelmente estamos assistindo.

Nesta questão, o primeiro nome a ser referido é, sem dúvida, James D. Watson com seu famoso livro *DNA: o segredo da vida* (2005). Junto com seu colega Francis Crick, ele sustenta cientificamente que o amor está presente na essência do DNA. Ambos, em 1953, descodificaram o código genético, a estrutura da molécula de DNA, a dupla hélice que contém o programa de toda vida, desde a célula primigênia (surgida há 3,8 bilhões de anos) até nós, seres humanos.

Todos somos constituídos pelo mesmo código genético de base, que nos faz ser parentes. Afirma Watson:

> contra o orgulho, revelam as sublimes realizações do intelecto humano, temos apenas duas vezes mais genes do que uma reles minhoca, três vezes mais genes do que uma mosca de frutas em decomposição e apenas seis vezes mais genes do que o simples fermento de padaria. [...]. A célula do DNA esticada alcança 1,85m; reduzida à sua forma original, é de um trilionésimo de centímetro, e está presente em cada célula, mesmo na mais superficial da pele de nossa mão. Watson define: "a vida assim como a conhecemos nada mais é do que uma vasta gama de reações químicas coordenadas. O segredo dessa coordenação é um complexo e arrebatador conjunto de instruções inscritas quimicamente em nosso DNA. Mas há ainda um longo caminho a percorrer em nossa jornada até o pleno conhecimento de como o DNA atua (p. 424).

Muitos conhecimentos novos enriqueceram a visão de Watson e Crick, especialmente os dos biólogos chilenos Humberto Maturana e Francisco Varela. O melhor destas pesquisas foi maravilhosamente resumido no livro do ecologista e físico quântico Fritjof Capra: *A teia da vida* (1997). Ele mostrou didaticamente que para o surgimento da vida faz-se necessário um *padrão de organização* (que nos faz distinguir uma cadeira de uma árvore), de uma *estrutura* que organiza os elementos físico-químicos, permitindo o irromper da vida.

Mas isso não basta, havendo necessidade de incorporar a *autocriação*. Os seres vivos, em sistemas abertos que os faz dialogar com todo o entorno, não são estáticos; eles sempre estão em processo de autocriação (*autopoiesis* de Maturana). Não apenas se adaptam às mudanças, mas criam novas, junto com os demais seres, de tal forma que continuamente coevoluem.

Uma contribuição decisiva foi trazida pelo citado Humberto Maturana, que estudou a base biológica do amor; ele constata a presença do amor desde os inícios do universo. Nesse sentido, Maturana destaca que todo ser humano é regido por dois processos: 1) a *necessidade* de se interconectar com todos os demais para garantir mais facilmente sua sobrevivência; 2) a *espontaneidade*. Sendo assim, os seres se inter-relacionam por pura gratuidade, criando entre si laços novos e por afinidade, como se enamorassem reciprocamente; é a irrupção do amor no processo cosmogênico. O amor que surge entre dois seres, milhões de anos depois, teve sua origem nessa relação de ancestral amorosidade espontânea.

Tudo isso ocorre como um dado de realidade objetiva ao chegar ao ser humano pode se transformar em algo subjetivo, em um amor conscientemente assumido e vivido como *um projeto de vida*.

Toda esta reflexão se destina a deslegitimar e acusar como desumana, contrária ao movimento do universo e à base biológica da vida a prevalência do ódio, da exclusão, da raiva espalhada mundialmente. Por vezes, atitudes perversas são incentivadas por chefes de Estado, transformadas em ódio, comportamentos desviantes e necrófilos. Em relação à covid-19, por exemplo, esse tipo de governante fez-se inimigo da vida de seus compatriotas, apresentando-se como mestre curador ao incentivar o uso de cloroquina e compostos, como se fosse médico e especialista, demonstrando ser um reles charlatão. Em relação aos indígenas, torna-se um genocida. Isso lamentavelmente ocorreu no Brasil com um presidente possuidor destas características.

Vale o testemunho de Watson em *DNA: o segredo da vida*:

> Embora não seja religioso, vejo elementos profundamente verdadeiros nas palavras de São Paulo sobre o amor, na Epístola aos Coríntios: "Se falasse todas as línguas [...] se tivesse o conhecimento de todos os mistérios e de toda a ciência [...] se não tivesse o amor nada seria". Paulo, no meu entendimento, revelou com clareza a essência de nossa humanidade. O *amor*, esse impulso que nos faz ter cuidado com o outro foi que nos permitiu nossa sobrevivência e sucesso no planeta. Tão fundamental é o amor em nossa natureza humana, que tenho a certeza de que a capacidade de amar está inscrita em nosso DNA. Um Paulo secular [ele, Watson], diria que o amor é a maior dádiva de nossos genes à humanidade (p. 433-434).

Tais palavras nos levam a responder ao ódio com o amor e à ofensa com a amorosidade. Esse tipo de atitude nos garantiria a cessação de ocasiões nefastas de ira e ódio ultimamente vivenciadas.

Princípio-bondade como projeto de vida

Em termos de ética, não se deve ajuizar os atos tomados em si mesmos; eles remetem a um projeto de fundo, a um projeto fundamental.

Todo ser humano, de forma explícita ou implícita, é orientado por uma opção de vida básica. É ela que confere valor ético e moral aos atos que pavimentam a vida. Portanto, é esse projeto fundamental que deve ser levado em conta, e ajuizá-lo se ele é bom ou mau.

Como o bem e o mal sempre vêm mesclados, qual é o dominante que se traduz por atos que definem uma direção na vida? Antes de mais nada é preciso esclarecer que a condição humana é ambígua: nunca há somente o bem de um lado e o mal de outro.

A razão disso reside no fato de que nossa condição humana, por criação e não por deficiência, é sempre sapiente e demente, sombria e luminosa, com pulsões de vida e com pulsões de morte. E isso simultaneamente, sem podermos separar, como diz o Evangelho, o joio do trigo.

Não obstante essa ambiguidade, o que conta mesmo é a dimensão *predominante*; se luminosa ou sombria, se bondosa ou maldosa. É aqui que se enraíza o projeto fundamental da vida, que define sua direção e faz o caminho. E esse caminho pode conhecer desvios, pois a condição humana é ambígua, sempre podendo voltar à direção definida como fundamental.

Os atos ganham valor ético e moral a partir desse projeto fundamental, dependendo da intensidade com que foram feitos. É ele que se afirma diante do tribunal da consciência, e para pessoas religiosas, é ele que é julgado por Aquele que conhece nossas intenções mais secretas e confere o corresponde valor ao projeto fundamental.

Sejamos concretos: alguém coloca em sua cabeça que, a qualquer custo, quer ser rico. Fique ressalvado o fato que há pessoas ricas, cuja riqueza foi eticamente construída. Mas há pessoas que se tornaram ricas porque seguiram todos os tipos de meio: esperteza, enganações, rupturas de contratos, golpes financeiros, apropriação de verbas públicas, falsificação de dados etc. Seu projeto é acumular bens e ser ricas. É o princípio-maldade, mesmo que aqui e acolá façam algum bem, e quando são muito ricas até ajudem em projetos beneficentes, desde que não comprometam seu projeto básico de riqueza.

Outro se propõe como projeto fundamental ser sempre bom, procurar a bondade nas pessoas e tentar que seus atos se alinhem na direção da bondade. Como é humano, nele também pode haver atos maus; são desvios do projeto, mas não chegam a destruir seu projeto fundamental de ser bom. Ele se dá conta de seus atos maldosos, corrige-se, pede perdão e retoma o caminho de vida definido.

Isso implica melhorar a cada dia, aprofundando seu projeto-bondade e nunca desistindo diante de dificuldades e quedas pessoais. O decisivo é reassumir o princípio-bondade, que sempre pode crescer indefinidamente. Ninguém é bom até certo ponto e depois para, porque atingiu o seu fim; a bondade, bem como outros valores positivos, não conhece limites.

Em nosso país, temos vivido, incluindo multidões, sob o princípio-maldade. A partir desse princípio, tudo é válido: a mentira, as *fake news*, a calúnia e a destruição de biografias que notoriamente eram boas. As mídias digitais são usadas de forma abusiva, inspiradas no princípio-maldade.

Em razão disso, milhares foram vitimados pela covid-19, quando poderiam ter sido salvos. Indígenas como os Yanomami foram tidos como sub-humanos e, intencionalmente, abandonados à própria sorte. Nesses fatídicos anos de vigência do princípio-maldade, mais de 500 crianças yanomami morreram devido à fome e doenças derivadas dela.

As principais instituições deste país, como a da saúde, da educação, da ciência e do cuidado da natureza foram desmontadas. Por fim, de forma insidiosa, tentou-se um golpe de Estado, visando destruir a democracia, a imposição de um regime ditatorial, culturalmente retrógrado e eticamente perverso, por claramente exaltar a tortura.

Não obstante, há o princípio-bondade, que foi recalcado ou coberto de cinzas por atos maldosos, mas não foi destruído, porque pertence à essência do humano.

No final das contas, o princípio-bondade sempre acaba triunfando. A chama sagrada que arde dentro de cada um jamais poderá ser apagada. É ela que sustenta a resistência, inflama a crítica e confere a força invencível do justo e do reto.

A brutalidade do princípio-maldade foi resolutamente derrotada (mas não eliminada) pelo princípio-bondade. Este triunfou sob o signo da democracia, do Estado de direito e do respeito aos valores fundamentais do cidadão.

Apesar de todas as artimanhas, as violências, os atentados, as ameaças e o uso vergonhoso dos aparatos de Estado, comprando literalmente a vontade das pessoas ou impedindo-as de manifestar seu voto, os que se orientavam pelo princípio-maldade foram derrotados, mas ainda não reconheceram a derrota. Eles continuam sua ação destrutiva, que ganhou dimensões planetárias com o ascenso da extrema-direita.

Mas devem ser contidos pelo despertar do princípio-bondade que se encontra neles. Sendo julgados e até punidos, terão que aprender a bondade da vida, que se oculta neles, empenhando-se pelo bem de todo um povo.

Na história conhecemos tragédias dos que se aferraram ao princípio-maldade a ponto de darem fim à própria vida, ao invés de, humildemente, resgatarem o princípio-bondade e sua humanidade mais profunda.

Oxalá, neste final de capítulo, possa nos inspirar esta poesia escrita por volta do ano 900, por um autor anônimo, cantada na festa cristã de Pentecostes; refere-se ao Espírito Criador e Purificador, que sempre age na natureza e na história. Na poesia, é possível vislumbrar a primazia do princípio-bondade: "Lava o que é sórdido. / Irriga o que é árido. / Sana o que é doente. / Dobra o que é rígido. / Aquece o que é gélido. / Guia o desorientado".

Se tais virtudes triunfarem, a humanidade resgatará sua verdadeira humanidade, a bondade que lhe é intrínseca, o que trará uma paz duradoura.

"Sede misericordiosos como o Pai é misericordioso"

O cristianismo leva mais longe a lei áurea do amor. Ele prega o amor incondicional, que inclui até os inimigos. Afirma:

> Amai aos vossos inimigos e orai pelos que vos perseguem, para serdes filhos de vosso Pai; pois Ele faz nascer o sol para bons e maus e chover sobre justos e injustos. Se amardes a quem vos ama, que vantagem tereis? Não o fazem também os cobradores de impostos? Se saudardes apenas vossos irmãos, que extraordinário há nisso? Não fazem também os pagãos? (Mt 5,44-47).

São Lucas oferece uma versão mais direta: "Amai aos vossos inimigos. Assim sereis filhos e filhas do Altíssimo, porque Ele é bondoso para com os ingratos e maus. Sede misericordiosos como o Pai é misericordioso" (6,35-36).

Quem não se sente, por vezes, ingrato e mau? Nessas ocasiões somos confortados por palavras animadoras como estas: o Pai é *bondoso*, apesar de nossas maldades. Podemos aliviar o fardo de nossa consciência a partir das palavras consoladoras de 1Jo 3,20: "Se o seu coração o acusa, saiba que Deus é maior do que ele" (1Jo 3,20). Estas palavras deveriam ser sopradas ao ouvido de todo o moribundo que tenha fé.

Tanta compreensão divina nos reporta às palavras de um dos mais alentadores salmos da Bíblia:

> O Senhor é rico em misericórdia. Não está sempre *acusando* nem guarda rancor para sempre. O quanto se elevam os céus sobre a terra tanto prevalece sua misericórdia. Como um pai sente compaixão pelos filhos e filhas, assim o Senhor se compadece dos que o amam, porque conhece a *nossa natureza e sabe que somos pó* (Sl 103,9-14).

Uma das características do Deus bíblico é sua misericórdia, porque sabe que somos frágeis e fugazes "como as flores do campo; basta o bafejar do vento para não existirmos mais" (Sl 103,15). Mesmo assim, nunca deixa de nos amar como filhos e filhas queridos e de se compadecer de nossas debilidades morais.

Uma das qualidades fundamentais da imagem divina que o Mestre nos comunicou foi exatamente a misericórdia ilimitada de Deus-*Abba* (Paizinho querido). Para Ele não basta ser bom, é preciso ser misericordioso. A Parábola do Filho Pródigo ilustra essa característica divina com rara ternura humana (Lc 15,11-32).

O filho saiu de casa, malbaratou toda a herança em uma vida dissoluta, e, de repente, saudoso, resolveu voltar para casa. Depois de sua saída, seu pai ficava olhando, por longos períodos, para a esquina da estrada para ver se ele aparecesse. Eis que, diz o texto, "o pai viu o filho e, comovido, correu-lhe ao encontro e se lançou ao seu pescoço, cobrindo-o de beijos" (Lc 15,20). Eis o supremo amor que se faz misericórdia: nada lhe cobra; basta ter voltado à casa paterna. Depois disso, preparou-lhe, cheio de alegria, uma grande festa.

Esse pai misericordioso representa o Pai celeste, que ama os ingratos e os maus. Acolheu com infinita misericórdia o filho que se havia perdido na vida. O único filho que é criticado é o filho bom, que serviu o pai em tudo, trabalhou, observou todas as normas. Ele era bom, muito bom, mas para Jesus isso não bastava; era preciso que fosse misericordioso. O que ele não foi. Por isso, foi o único a receber reprimenda por não compreender o irmão que regressou.

Mas é importante enfatizar uma singularidade da mensagem do Nazareno. Ele quer ir além de simplesmente amar o próximo como a si mesmo. Quem é o próximo para Jesus? Não é o nem aquele que está próximo, ao lado. Próximo para Jesus é todo aquele *de quem se aproxima*, pouco importando sua origem ou sua condição moral. Basta que seja humano.

Nesse sentido, a Parábola do Bom Samaritano é emblemática (Lc 10,30-37). Jaz à beira da estrada, semimorto um joão-ninguém, vítima de assalto. Passa um sacerdote, talvez atrasado para o seu serviço no templo; igualmente passa um levita, apressado para preparar o altar. Ambos o viram e "passaram ao largo". Passa um samaritano, um herege para os judeus; "teve cuidado e misericórdia para com ele", curando-lhe as feridas e levando-o a uma hospedaria. Deixou tudo pago e se comprometeu em pagar outras possíveis despesas.

"Quem dos três foi o próximo"? perguntou o Mestre. Foi o herege, que se aproximou da vítima dos assaltantes. O amor não discrimina; todo ser humano é digno de amor e de misericórdia. Seguramente, o sacerdote e o levita eram gente boa, mas lhes faltava o principal: a misericórdia, o coração que se comove diante da dor do outro.

Resumindo, quando Jesus manda amar o próximo, significa amar esse desconhecido e discriminado; implica amar os invisíveis, os zeros sociais, aqueles que ninguém olha e passa ao largo; amar aqueles que no momento supremo da história, quando tudo será tirado a limpo, Ele os chamará de "os meus irmãozinhos menores". "Quando amastes a um desses, foi a mim que o fizestes" (Mt 25,40). São Francisco foi aquele que melhor entendeu este "mais" singular da mensagem de Jesus. Por isso, em sua oração pede: "Que eu procure *mais*, consolar do que ser consolado; compreender *mais* do que ser compreendido; e amar *mais* do que ser amado".

A covid-19 mostrou, especialmente pelos criticados membros do Movimento dos Sem-Terra (MST), dos Sem-Teto e outros, que a mensagem do amor misericordioso, em particular para com os desprovidos nas periferias, vivida pelo Filho do Homem, não se apagou e está, ainda, viva e acesa.

Podemos dizer o que somos enquanto humanos?

Há perguntas que todos, a certa altura da vida, fazemos para nós próprios: Quem sou eu, finalmente? Por que estou aqui na Terra? Que sentido tem minha vida? Quem criou este céu infinito, povoado de estrelas e galáxias? O que posso esperar para além desta vida? São questões inadiáveis. Tentemos balbuciar uma resposta, incompleta e sempre aberta a outros enriquecimentos.

1) À questão "Quem somos como seres humanos?", cada cultura, cada saber e cada pessoa procura dar a sua resposta. As compreensões, entretanto, são irremediavelmente insulares, porque são reféns de certo ponto de vista, que sempre representa a vista a partir de um ponto. Por isso, nenhuma delas diz tudo, sendo todas complementares.

2) No entanto, as contribuições das ciências da Terra, englobadas pela teoria da evolução ampliada, que lhes dão unidade, trouxeram-nos visões complexas e totalizadoras, inserindo-nos como um momento do processo global, cós-

mico, biológico e cultural. Mas, nem por isso, elas fizeram calar a pergunta. Antes, a radicalizaram, deixando-a sempre em aberto.

3) Quem é, afinal, o ser humano? Ele é uma manifestação daquela Fonte inimaginável de Energia originária de Fundo, poderosa e amorosa, que tudo alimenta e da qual tudo promana. Ela é denominada *vácuo quântico*, mas nada tem de vácuo, pois é a plenitude de todas as energias possíveis. Ela é, antes: *O Abismo alimentador de todos os seres.* Eu diria: *É Aquele Ser que faz ser todos os seres.*

4) Quem é o ser humano? É um ser cósmico, parte de um universo entre outros paralelos, articulado em nove dimensões (teoria das cordas), formado pelos mesmos elementos físico-químicos, por volta de cem (na Escala de Medeleiev), e pelas mesmas energias universais que compõem todos os seres.

5) É um habitante de uma galáxia, a Via-Láctea, uma entre 200 bilhões de outras, dependendo do Sol, estrela de quinta grandeza, uma entre outras 300 bilhões, situada a 27 mil anos-luz do centro de nossa galáxia, perto do braço interior da espiral de Órion, morando no terceiro planeta do sistema solar, a Terra.

6) É um elo da corrente única da vida, com os mesmos 20 aminoácidos e 4 bases fosfatadas que compõem todos os demais seres vivos.

7) O que é o ser humano? É um animal do ramo dos vertebrados, dotado de sexualidade, da classe dos mamíferos, da

ordem dos primatas, da família dos hominidas, do gênero *homo*, da espécie *sapiens/demens*, portador de um corpo de 30 bilhões de células, continuamente renovado por um sistema genético que se formou ao longo de 3,8 bilhões de anos, munido de três níveis de cérebro com 10 a 100 bilhões de neurônios; o reptiliano, surgido há 200 milhões de anos, que responde pelas reações instintivas, ao redor do qual se formou o cérebro límbico, há 125 milhões de anos, que explica a afetividade e cuidado e, por fim, completado pelo cérebro neocortical, que irrompeu há cerca de 7-8 milhões de anos, com o qual ele organiza conceitualmente o mundo.

8) É um ser, portador de psiqué, de interioridade, com a mesma ancestralidade do corpo, que lhe permite ser sujeito autoconsciente; psiqué estruturada ao redor do desejo, de arquétipos primordiais e de todo tipo pulsões e emoções.

9) É um ser galardoado de espírito, aquele momento da consciência pelo qual percebe que é parte de um todo e que todas as partes são interdependentes entre si e que intui o Elo que as liga e re-liga, constituindo, no meio do caos originário, um cosmos com ordens sempre frágeis e abertas a novas incorporações.

10) É um ser biologicamente carente porque não tem órgão especializado. Por isso, para viver e sobreviver, intervém, mediante o trabalho na natureza, criando ciência, técnica e culturas de todo tipo.

11) É um ser capaz de captar e criar significados e valores, e se indagar sobre o sentido derradeiro do Todo e de si

mesmo, hoje em sua fase planetária, rumo à noosfera pela qual mentes e corações convergirão em uma humanidade ampliada e unificada.

12) Ele é um ser complexo que se dá conta de que sua condição humana o faz ser a convergência dos opostos e das contradições; porquanto, é simultaneamente *sapiens e demens*, capaz de racionalidade, amor, perdão e êxtase e, ao mesmo tempo, de ódio, exclusão e destruição.

13) É um ser que, por sua condição de consciência e liberdade, comparece como um ser ético que deve escolher entre ser aquele cuja missão é cuidar da Terra e se responsabilizar pelo bem-estar dos demais seres ou aquele que, para atender à sua voracidade, pode submeter, ferir, devastar e quebrar os equilíbrios sutis da natureza.

14) É um ser que ousa tirar o Elo que tudo liga e re-liga de seu anonimato e lhe balbucia um nome, expressão de sua reverência e amor: aquele Ser que faz ser todos os seres, a Fonte originária de tudo o que existe, o Espírito criador, Krishna, Brahman, Tao, Javé, Alá, Olorum, Pai-Filho-Espírito Santo; em uma palavra, Deus.

15) Ninguém melhor do que Pascal († 1662), matemático, filósofo e místico, para expressar o ser complexo que somos: "O que é o ser humano na natureza? Um nada diante do infinito, e um tudo diante do nada; um elo entre o nada e o tudo, mas incapaz de ver o nada de onde é tirado e o infinito para onde é engolido" (*Pensées*, § 72). Nele se cruzam os três infinitos: o infinitamente pequeno, o infinitamente grande e o infinitamente complexo (Chardin).

16) Somos seres inteiros, mas ainda nascendo, e por isso incompletos. Estamos sempre na pré-história de nós mesmos. E não obstante sermos a coexistência das contradições, experimentamos que somos um projeto infinito que reclama seu objeto adequado, também infinito. E ficaremos angustiados enquanto não descansarmos nesse infinito que foi identificado como Deus.

17) E somos todos mortais. Custa-nos acolher a morte dentro da vida, como possível passagem alquímica para uma outra forma de vida e outro estado de consciência. E sofremos com a dramaticidade do destino humano, por vezes tão trágico. Mas pelo amor, pela arte, pela imaginação, pela poesia, pela literatura, pela fé e pela esperança recusamo-nos a aceitar que a vida acaba na morte; antes, pressentimos que nela há algo mais forte do que a morte. E suspeitamos que, no balanço final das coisas, um pequeno gesto de amor verdadeiro vale mais do que toda a matéria e a energia do universo juntas. Por isso, só tem sentido falar, crer e esperar em um Deus se Ele for compreendido como prolongamento da vida e do amor, na forma do infinito.

18) O ser humano é tudo isso e ainda mais tudo o que lhe pode indefinidamente ser acrescentado. E depois de dizer tudo, silenciamos diante de seu mistério, conatural ao Mistério absoluto.

19) O que é o ser humano? Uma interrogação em aberto que só pode ser respondida com outra interrogação; esta, sim, radical: ele talvez não será o próprio Deus invertido e

em exílio de si mesmo que, ao voltar para si, carrega tudo o que Ele mesmo criou como expressão da suprema superabundância de seu ser e de seu amor? Não seríamos, no termo, nós mesmos, Deus por participação, como afirma o místico São João da Cruz?

20) Só agora descansamos, porque morreram todas as nossas palavras. Silenciamos e contemplamos.

Terceira parte

Estratégias para protelar o fim do mundo

Ainda merecemos continuar no Planeta Terra?

Estamos vivendo uma situação dramática da humanidade, da Terra viva, de seus ecossistemas e das relações entre as nações. Várias destas estão se guerreando, militar ou economicamente; na África, há tribos que se matam, cortando braços ou pernas; uma superpotência como a Rússia massacrando todo um povo parente, o ucraniano. Assistimos, também, a devastação de florestas, como Amazônia e Congo.

Quando acompanhamos os relatórios científicos de climatólogos, apontando que já passamos do ponto crítico do aquecimento e que não haverá mais retorno, e que nem a ciência nem a tecnologia poderão nos salvar, mas apenas nos prevenir e mitigar os efeitos danosos, ficamos realmente preocupados com o nosso futuro como espécie.

Nossa preocupação aumenta quando cientistas, já céticos, afirmam que radicalizamos *o antropoceno* (o ser humano como grande ameaça à vida, estamos na sexta extinção de vidas), passamos ao *necroceno* (morte em massa de organismos vivos na ordem de 70 a 100 mil por ano) e chegamos agora ao *piroceno* (a era do fogo na Terra), talvez a fase mais perigosa para a nossa sobrevivência. Além da ação humana, constata-se que os solos perderam sua umidade, as pedras se superaqueceram, podendo, com a ajuda de folhas secas e gravetos, ocasionar incêndios pavorosos, como presenciamos ultimamente.

E mais, quando vemos que os chefes de Estado e os dirigentes das grandes empresas (CEOs) ocultam tais dados ou não lhes dão importância para não prejudicar seus negócios, devemos lhes gritar que eles estão cavando a sua própria sepultura. Pior ainda, quando a Oxfam e outros organismos nos mostram que apenas 1% da população mundial controla praticamente a maior parte do fluxo financeiro e que possui riqueza superior à metade da população mundial (4,7 bilhões) e que, no Brasil, segundo a *Forbes*, 318 bilionários possuem grande parte da riqueza em fábricas, terras, investimentos, *holdings*, bancos etc. – em um país em que milhões passam fome e outros milhões se encontram em insuficiência alimentar (comem hoje e não sabem o que comerão amanhã), milhões estão desempregados ou na informalidade –, somos atingidos pela irrefreável interrogação: Nós humanos, ainda somos humanos, ou vivemos na pré-história de nós mesmos, sem nos termos descoberto como coiguais, habitantes na mesma Casa Comum?

Com todas essas desgraças, das quais principalmente os países industrializados e ricos (não os países pobres da

África e da América Latina) se fizeram responsáveis, há uma questão gravíssima: ao seguir esse caminho de devastação da natureza em função da riqueza de poucos, ainda merecemos viver sobre este planeta? Ou a Terra possui sua estratégia interna, como o coronavírus revelou: quando uma espécie ameaça demasiadamente todas as outras, ela dá um jeito de diminuir-lhe o seu furor ou mesmo eliminá-la, para que as outras possam continuar a existir e se desenvolver sobre o solo terrestre?

É nesse contexto que lembro a frase de um dos maiores brasileiros de nossa história, o Betinho, que muitas vezes em conferências dizia: "O problema maior não é o econômico, não é o político, não é o ideológico, não é o religioso; o problema maior é a falta *de sensibilidade* do ser humano para com o semelhante que está a seu lado". Perdemos a capacidade de termos com-paixão para com quem sofre, de estender a mão a quem pede um pedaço de pão ou busca um lugar para dormir em época de frio ou de chuva torrencial.

A cultura do capital nos fez individualistas, consumidores e nunca próximos e cidadãos com direitos; muito menos nos concede sentir que somos irmãos e irmãs de fato, por termos os mesmos componentes físico-químicos de todos os outros seres vivos.

Houve alguém que há mais de 2 mil anos passou entre nós ensinando a viver o amor, a solidariedade, a compaixão, o respeito e a reverência diante da Suprema Realidade, feita de misericórdia e perdão. E por causa dessas verdades radicalmente humanas, que contradiziam a religião dos piedosos do tempo (fariseus e sacerdotes), foi considerado inimigo das tradições religiosas, subversivo da ordem ética do tempo e acabou sendo julgado por esses piedosos e levantado no alto da cruz, fora da cidade – isso era símbolo de maldição e do abandono de Deus. Ele suportou tudo isso em solidariedade para com seus irmãos e irmãs que vivem situação semelhante.

Até hoje sua mensagem permanece. Em grande parte, foi traída ou espiritualizada para desvitalizar seu caráter transformador e mantivesse o mundo assim como está com seus poderes e infernais desigualdades. Mas outros, poucos, seguiram e seguem seu exemplo, sua prática e seu amor incondicional, vivendo o espírito das bem-aventuranças. Por causa disso, muitos deles conheceram/conhecem o mesmo destino daquele homem: a calúnia, o desprezo e a eliminação física. Mas é por causa desses poucos, creio eu, que Deus ainda se segura e não nos faz desaparecer.

Diante deste quadro sombrio me vem à mente as palavras do Livro do Gênesis:

> O Senhor viu o quanto havia crescido a maldade dos seres humanos na Terra e como todos os projetos de seus corações tendiam unicamente para o mal. Então o Senhor se arrependeu de ter criado os seres humanos na Terra e ficou com o coração magoado. Então o Senhor disse: vou exterminar da face da Terra o ser humano que criei e com ele os animais, os répteis e até as aves do céu, pois estou arrependido de tê-los feito (Gn 6,5-7).

Estas palavras escritas há mais de 4 mil anos parecem descrever a nossa realidade. Colocados no Jardim do Éden (a Terra viva) para guardá-lo e cuidá-lo, nós seres humanos nos tornamos sua maior ameaça. Não bastava ser homicida como Caim nem etnocida com a exterminação de povos inteiros nas Américas e na África. Fez-se ecocida, devastando e desertificando inteiros ecossistemas. E agora irrompe como biocida, pondo em risco a vida da biosfera e da própria vida humana.

Aqui cabe citar os relatórios científicos de uma grande jornalista norte-americana, Elizabeth Kolbert. Após escrever o premiado livro *A sexta extinção em massa: uma história não natural* (2021, Ed. Intrínseca), publicou *O céu branco: a natureza do futuro"* (2022, Ed. Intrínseca). Nesta última obra, ela descreve as tentativas desesperadas dos cientistas para evitar o desastre total como efeito do aquecimento global, que cresce diariamente. Só em 2022 foram lançadas na atmosfera 40 bilhões de toneladas de CO_2.

Esses cientistas propõem, a partir da geoengenharia, "bloquear em grande parte a luz solar", para que deixe de aquecer o planeta. O céu ficaria branco. Quais seriam as consequências, especialmente para a biosfera, para a fotossíntese e de tudo o que depende do Sol? Isso faz com que essa tecnologia seja questionável, pois criaria mais problemas, ao invés de trazer soluções.

Vale a observação de um dos maiores naturalistas, Théodore Monod, várias vezes citado, que escreveu um livro inteiro sobre o tema, com o título: *E se a aventura humana vier a falhar*. A razão de sua suposição é a terrificante capacidade destrutiva dos seres humanos, pois "eles são capazes de uma conduta insensata e demente; pode-se, a partir de agora temer tudo, tudo mesmo, inclusive a aniquilação da raça humana" (ed. francesa: 2000, p. 246).

Sou um pessimista esperançoso. *Pessimista* face à realidade perversa sob a qual vivemos e sofremos. *Esperançoso* porque creio que o ser humano pode mudar a partir de um salto em sua consciência, inaugurando uma nova ordem, amiga da natureza e da vida. E mais do que isso, creio no Criador, que desta crise e eventualmente da ruína de nosso planeta, poderá fazer surgir um outro tipo de ser humano, mais fraterno e respeitoso para com a Casa Comum.

Advertência de sábios: podemos ir ao encontro de nosso fim

O sonho do Papa Francisco formulado na *Fratelli Tutti*, de uma fraternidade sem fronteiras e de uma amizade social (n. 6), fundamentos para uma nova ordem mundial, funda-se na consciência de que estamos em uma emergência planetária. As ameaças à vida e a insustentabilidade da Terra levaram-no a dizer: "estamos no mesmo barco; ou nos salvamos todos ou ninguém se salva" (n. 32).

Para isso, devemos forçosamente mudar: fazer a transição de paradigmas; isto é, passar do paradigma dominante que criou a Modernidade, do ser humano senhor e dono (*dominus*) da natureza – não se entendendo parte dela e por isso podendo explorá-la como bem entender –, para o paradigma do irmão e da irmã (*frater*), pelo qual o ser humano possa se sentir parte da natureza, irmão e irmã de todos os seres e com a missão de guardar e cuidar do planeta.

Em razão disso, ele propõe como base de sustentação de sua proposta as virtudes ausentes ou vividas apenas subjetivamente no paradigma do senhor e dono: o amor universal, a amizade social, o cuidado para com tudo o que existe e vive, a solidariedade sem fronteiras, a ternura e a gentileza em todas as relações entre os humanos e com a natureza. Ele universaliza tais virtudes, que antes eram privatizadas. Portanto, sua alternativa se alimenta daquilo que é essencial e o melhor do ser humano; aquilo que de fato nos faz humanos.

O papa se dá conta do inusitado da proposta, reconhecendo: "parece uma utopia ingênua, mas não podemos renunciar a este sublime objetivo" (n. 190). Realmente, há vozes de cientistas e sábios que nos advertem dos riscos que corremos. Mais abaixo elenco alguns pontos para dar concreção e caráter de urgência à proposta do papa, quase no limite do desespero, não obstante a sua fé inabalável e sua enraizada esperança no "Deus apaixonado e amante da vida" (cf. Sb 11,26; *Laudato Si'*, n. 77 e 89).

Em razão de sua proposta arrojada, ele também recorre àquilo sem o qual a vida não teria futuro: a virtude e o princípio-esperança. "Precisamos alimentar a esperança que nos fala de uma realidade enraizada no profundo do ser humano, independentemente das circunstâncias concretas e dos condicionamentos históricos em que vive" (n. 55).

A esperança tem uma base objetiva: o caráter virtual da realidade. O dado objetivo não é todo o real; também pertence ao real o potencial e o utópico, aquilo que ainda não é, mas pode ser. O dado atual nos diz que estamos nos comportando como o satã da Terra, como lobos uns dos outros, reféns da cultura do capital, da competição ilimitada e do consumismo desenfreado à custa da fome das grandes maiorias.

Mas esse dado não é tudo, nem somos condenados a perpetuá-lo. Dentro de nós também há o potencial e o utópico viável, o de sermos os cuidadores da vida, irmãos e irmãs uns dos outros e com todos os demais seres da natureza. Tal proposta vem enfaticamente pregada pela *Fratelli Tutti*.

Esse potencial pertence à nossa realidade. E se está potencialmente lá, pode ser ativado, pode ser feito projeto pessoal e político, inspirando práticas que darão um sentido salvador à história. A esperança nos salvará do desespero e da destruição. Vale sempre esperar contra toda a esperança.

Entretanto, conscientizemo-nos dos graves riscos que pesam sobre nosso destino, como assinalam os melhores nomes das várias ciências da vida e da Terra. Damos apenas alguns exemplos:

O geneticista francês Albert Jacquard diz "que estamos fabricando uma Terra na qual ninguém de nós gostaria de viver. Devemos nos apressar porque a contagem regressiva já começou" (*Le compte à rebous a-t-il commencée?*, 2009).

Norberto Bobbio, notável jurista e filósofo, embora melancólico por temperamento, acreditava nas virtualidades de duas grandes revoluções do Ocidente: a dos direitos humanos e a da democracia. Ambas serviriam de base para a sua proposta de um pacifismo jurídico e político, capaz de equacionar o problema da violência como lógica do antagonismo entre os estados. Mas os eventos do terrorismo globalizado, abalaram as convicções do velho e respeitado mestre. Em uma de suas últimas entrevistas declarou: "Não saberia dizer como será o Terceiro Milênio. Minhas certezas caem e somente um enorme ponto de interrogação agita a minha cabeça: será o milênio da guerra de extermínio ou o da concórdia entre os seres humanos? Não tenho condições de responder a esta indagação".

No final de sua vida, o grande historiador Arnold Toynbee (†1975), depois de escrever dez tomos sobre as grandes civilizações históricas, deixou consignada esta opinião sombria em seu ensaio autobiográfico *Experiências*, de 1969: "Vivi para ver o fim da história humana tornar-se uma possibilidade intra-histórica, capaz de ser traduzida em fato; *não por um ato de Deus*, mas do homem".

Severas são as advertências de Martin Rees, astrônomo real do Reino Unido. Baseando-se em muitos conhecimentos que teve acesso, afirma em seu livro *A hora final: alerta de um cientista*: "A humanidade está em maior perigo do que já esteve em qualquer outra época de sua história [...] a nossa chance de sobreviver até o fim deste século não passa de 50%" (2005, p. 203 e 205).

Cabe citar, ainda, por sua grande autoridade, a advertência de um dos maiores historiadores do século XX, Eric Hobsbawm, em seu conhecido livro-síntese *Era dos extremos*. Concluindo suas reflexões, pondera:

> O futuro não pode ser a continuação do passado. [...] Nosso mundo corre o risco de explosão e implosão. [...] Não sabemos para onde estamos

indo. Contudo, uma coisa é clara. Se a humanidade quer ter um futuro que vale a pena, não pode ser pelo prolongamento do passado ou do presente. Se tentarmos construir o terceiro milênio sobre esta base, vamos fracassar. E o preço do fracasso – ou seja, a alternativa para a mudança da sociedade – é a escuridão (1994, p. 562).

A pandemia da covid-19 nos deixou a grave advertência de que se continuarmos agredindo a natureza e a Terra, algo ainda pior poderá nos acontecer: outros vírus mais letais do que a covid-19 poderão nos assaltar.

Essa situação suscita uma indagação humanística e filosófica: ainda é possível ter esperança no ser humano, no sentido de ver e sentir o outro como irmão e irmã? Ele poderá melhorar sob o ponto de vista das relações para com a natureza, a sociedade, a moralidade e a humanidade? Ou está condenado a viver a tragédia histórica até o fim, até a autodestruição? O Papa Francisco, em suas encíclicas ecológicas, não exclui semelhante tragédia (cf. *Laudato Si'*, n. 161).

Seguramente, não há resposta cabal para interrogações dessa radicalidade. Mas se no pós-pandemia não iniciarmos transformações substanciais na forma de produzir, distribuir, consumir e de nos relacionar com a natureza então, sim, podemos ser surpreendidos com a destruição de grande parte da humanidade, se não de toda ela.

A Mãe Terra, entre dores por perder filhos e filhas que gerou, queridos, mas rebeldes, continuará sua trajetória ao redor do Sol, mas sem nós.

Não é impossível o fim da espécie humana

A intrusão da covid-19 afetou, pela primeira vez, toda a humanidade, causou verdadeira dizimação dos afetados e vitimou milhões de pessoas no mundo inteiro, mesmo após serem criadas e aplicadas doses de vacinas seguras e eficazes. Este fato singular colocou ineludivelmente a questão: a espécie *homo*, a espécie humana pode desaparecer?

Será que a multiplicação de eventos extremos, o surgimento do viroceno, a construção dos meios de nossa autodestruição com vários tipos de armas, podem liquidar toda a vida humana sobre a Terra? Quem deterá a seta que, uma vez lançada, não volta e que pode produzir a exterminação da espécie humana, depois de viver alguns milhões de anos sobre este planeta? Sabemos que isso não é impossível.

O Papa Francisco, em sua alocução na ONU no dia 25 de setembro de 2020, aventou por duas vezes a possibilidade do desaparecimento da vida humana como consequência da irresponsabilidade de nosso trato para com a

Mãe Terra e a natureza, ambas superexploradas. Constata em sua Encíclica *Laudato Si' – Sobre o cuidado da Casa Comum* (2015): "As situações ameaçadoras provocam os gemidos da Mãe Terra, que se unem aos gemidos dos abandonados do mundo, com um lamento que reclama de nós *outro rumo*; nunca maltratamos e ferimos a nossa Casa Comum, como nos últimos dois séculos" (n. 53). Na *Fratelli Tutti*, afirma com severidade: "estamos todos no mesmo barco, ninguém se salva por si mesmo, ou nos salvamos todos ou ninguém se salva" (n. 32)

Isso não significa o fim do sistema-vida, mas o fim da vida humana. Curiosamente, a covid-19 afetou somente os humanos de todos os continentes, e não os animais domésticos, como os gatos e os cães.

Como interpretar uma eventual catástrofe à luz de reflexão radical; quer dizer, filosófica e teológica?

Sabemos que a cada ano cerca de 300 espécies de organismos vivos chegam ao seu clímax, depois de milhões e milhões de anos de existência, retornando à Fonte Originária de Todo Ser (Vácuo Quântico), aquele oceano insondável de energia, anterior ao *big-bang* e que continua subjacente a todo o universo. Houve muitas extinções em massa durante os mais de 3 bilhões de anos da história da vida (Ward, 1997). Atualmente, cerca de 1 milhão de espécies vivas estão sob ameaça de desaparecimento devido à excessiva agressividade do projeto industrialista das classes opulentas.

Das várias expressões dos seres humanos, sabemos que apenas o *homo sapiens sapiens* permaneceu na história, consolidando-se há cerca de 100 mil anos e permanecendo nela até o presente. Os demais representantes, especialmente o homem de neandertal, desapareceram definitivamente da história.

O mesmo vale para as culturas ancestrais do passado. No Brasil, por exemplo, a cultura do Sambaqui e os próprios sambaquieiros, que viveram há mais de 8 mil anos nas costas oceânicas, foram literalmente exterminados por antropófagos, diferentes dos atuais povos originários. Deles nada restou, a não ser os grandes monturos de conchas, cascos de tartarugas e restos de crustáceos (Miranda, 2007, p. 52-53). Muitas culturas sumiram definitivamente, deixando parcos sinais de sua existência, como a cultura da Ilha de Páscoa ou as culturas matriarcais que dominaram em várias partes do mundo, há cerca de 20 mil anos, especialmente, na bacia do Mediterrâneo. Deixaram figuras de divindades maternas, ainda hoje encontradas em sítios arqueológicos.

Entre as tantas espécies que desaparecem anualmente, não poderá estar a espécie *homo sapiens/demens*? Desta vez, tudo indica que seu desaparecimento não se deve a um processo natural da evolução, mas a causas derivadas de sua prática irresponsável, destituída de cuidado e de sabedoria face ao conjunto do sistema-vida e do sistema-Gaia. Seria consequência da nova era geológica do antropoceno, do necroceno e do piroceno?

O fato é que a covid-19 colocou em xeque, diria, de joelhos, o capitalismo e o neoliberalismo, com todos os seus soberbos mantras. Seriam eles suicidários?

Esta pergunta não é de mau agouro, mas um chamamento dirigido a todos os que alimentam solidariedade geracional e amor à Casa Comum. Há um obstáculo cultural grave: estamos habituados a resultados imediatos, quando aqui se tratam de resultados futuros, fruto de ações postas agora. Como afirma a *Carta da Terra*, um dos mais importantes documentos ecológicos assumidos pela Unesco em 2003: "as bases da segurança global estão ameaçadas; estas tendências são perigosas, mas não inevitáveis".

Na *Laudato Si'*, diz peremptoriamente o Papa Francisco: "As previsões catastróficas já não se podem olhar com desprezo e ironia. [...] O ritmo do consumo, desperdício e alteração do meio ambiente superou de tal maneira as possibilidades do planeta, que o estilo de vida atual, insustentável, só pode desembocar em catástrofes" (n. 161).

Esses perigos somente serão evitados se mudemos o modo de produção e o padrão de vida. Essa reviravolta civilizatória exige a vontade política de todos os países do mundo e a colaboração sem exceção de toda rede de empresas transnacionais e nacionais de produção; pequenas, médias e grandes. Se algumas empresas mundiais se negarem a agir nessa mesma direção poderão anular os esforços de todas as demais. Por isso, a vontade política deve ser coletiva e impositiva, com prioridades bem definidas e com linhas gerais bem claras, assumidas por todos, pequenos e grandes. É uma política de salvação global.

O grande risco reside na lógica do sistema do capital globalmente articulado. Seu objetivo é lucrar o mais que pode, no tempo mais curto possível, com a expansão cada vez maior de seu poder, flexibilizando legislações que limitam sua dinâmica. Ele se orienta pela competição, e não pela cooperação; pela busca do lucro, e não pela defesa e promoção da vida.

Diante das mudanças paradigmáticas atuais, o mundo capitalista se vê confrontado por este dilema: ou se autonega, mostrando-se solidário com o futuro da humanidade e muda sua lógica, e assim se afunda como empresa, ou se autoafirma em seu objetivo, desconsiderando toda compaixão e solidariedade, fazendo aumentar os lucros, mesmo passando por cima de cemitérios de cadáveres e da Terra devastada. Não é impossível que, obedecendo à sua natureza de lobo voraz, o capitalismo seja autossuicidário. Prefere morrer e fazer morrer do que perder seus ganhos.

Mas, quem sabe, quando a água chegar ao nariz e o risco de morte coletiva atingir a coletividade, inclusive os capitalistas ferozes, não seria impossível que o próprio capitalismo se rendesse à vida. O instinto dominante é viver, e não morrer, e esse instinto possivelmente acabará prevalecendo. Mas devemos estar atentos à força da lógica interna do sistema, montado sobre uma mecânica que produz morte de vidas humanas e da natureza.

Nomes notáveis das ciências não excluem a eventualidade do fim de nossa espécie, como citamos anteriormente. Se levarmos a sério o drama mundial, sanitário, social e o alarme ecológico crescente, esse cenário de horror não é impensável.

O Prêmio Nobel Christian de Duve, em seu conhecido *Poeira vital*, atesta que "a evolução biológica marcha em ritmo acelerado para uma grande instabilidade; de certa forma, nosso tempo lembra uma daquelas importantes rupturas na evolução, assinaladas por extinções maciças" (1997, p. 355). Antigamente, eram os meteoros rasantes que ameaçavam a Terra; hoje o meteoro rasante se chama ser humano.

Em sua obra *O futuro da vida – Um estudo da biosfera para a proteção de todas as espécies, inclusive a humana*, Edward Wilson (2002, p. 121) atesta: "O homem até hoje tem desempenhado o papel de assassino planetário [...] [a] ética da conservação, na forma de tabu, totemismo ou ciência, quase sempre chegou tarde demais; talvez ainda haja tempo para agir".

Vale citar, ainda, dois nomes da ciência que possuem grande respeitabilidade: James Lovelock, que elaborou a teoria da Terra como Superorganismo vivo, Gaia, com um título forte *A vingança de Gaia* (2006), e o astrofísico inglês Martin Rees (*Hora final*, 2005) que preveem o fim da espécie antes do fim do século XXI. Lovelock é contundente:

até o fim do século, 80% da população humana desaparecerá. Os 20% restantes vão viver no Ártico e em alguns poucos oásis em outros continentes, onde as temperaturas forem mais baixas e houver um pouco de chuva [...] quase todo o território brasileiro será demasiadamente quente e seco para ser habitado (*Revista Veja*, 25/10/2006, páginas amarelas).

Um fato que tem desafiado muitos cientistas, especialmente biólogos e astrofísicos, ao falarem do eventual colapso da espécie humana é o caráter exponencial da população. A humanidade precisou de 1 milhão de anos para chegar, em 1850, a 1 bilhão de pessoas. Os espaços temporais entre um crescimento e outro diminuem cada vez mais. De 75 anos – de 1850 a 1925 – passaram para 5 anos atualmente. Prevê-se que por volta de 2050 haverá 10 bilhões de pessoas. É o triunfo inegável de nossa espécie.

Lynn Margulis e Dorian Sagan, no conhecido livro *Microcosmos* (1990), afirmam com dados dos registros fósseis e da própria biologia evolutiva, que um dos sinais do colapso próximo de uma espécie é sua rápida superpopulação. Isso pode ser visto com micro-organismos colocados na cápsula de Petri (placas redondas de vidro com colônias de bactérias e nutrientes). Pouco antes de atingirem as bordas da placa e se esgotarem os nutrientes, multiplicam-se de forma exponencial. E, de repente, todas simultaneamente morrem.

Para a humanidade, comentam eles, a Terra pode se mostrar idêntica a uma cápsula de Petri. Com efeito, ocupamos quase toda a superfície terrestre, deixando apenas

17% livres, por ser inóspita, como os desertos e as altas montanhas nevadas ou rochosas. Lamentavelmente, de homicidas, genocidas e ecocidas, nos faríamos biocidas. Não estaríamos, efetivamente, dentro de uma cápsula de Petri com semelhante destino das colônias de bactérias?

Carl Sagan, já falecido, via no intento humano de procurar a Lua e enviar naves espaciais como o Voyager para fora do sistema solar uma manifestação do inconsciente coletivo que pressente o risco de nossa próxima extinção. A vontade de viver nos leva a cogitar formas de sobrevivência para além da Terra.

O astrofísico Stephen Hawking fala da possível colonização extrassolar com naves, espécie de veleiros espaciais, propelidas por raios *laser* que lhes confeririam uma velocidade de 30 mil quilômetros por segundo. Mas para chegar a outros sistemas planetários teríamos que percorrer bilhões e bilhões de quilômetros de distância, necessitando de muitos e muitos anos. Ocorre que somos prisioneiros da luz, cuja velocidade de 300 mil quilômetros por segundo é até hoje insuperável. Mesmo assim, só para chegar à estrela mais próxima – a Alfa do Centauro – precisaríamos de 43 anos, sem ainda saber como frear essa nave em altíssima velocidade.

Para terminar esta narrativa de horrores, trago a opinião de dois notáveis historiadores.

Arnold Toynbee, em sua autobiografia diz: "vivi para ver o fim da história humana tornar-se uma possibilidade real que pode ser traduzida em fato; não por um ato de Deus, mas do ser humano" (1970, p. 422).

E, por fim, de Eric J. Hobsbawm, em sua conhecida *Era dos extremos*: "Não sabemos para onde estamos indo. Contudo, uma coisa é certa. Se a humanidade quer ter um futuro aceitável, não pode ser pelo prolongamento do passado ou do presente. Se tentarmos construir o terceiro milênio nessa base, vamos fracassar. E o preço do fracasso – ou seja, a alternativa para a mudança da sociedade – é a escuridão (1994, p. 562).

Naturalmente, precisamos ter paciência para com o ser humano. Ele ainda não está pronto; tem muito a aprender. Em relação ao tempo cósmico, possui menos de 1 minuto de vida. Mas com ele, a evolução deu um salto, de inconsciente se fez consciente. E com a consciência pode decidir que destino quer para si. Nessa perspectiva, a situação atual representa mais um desafio do que um desastre inevitável; a travessia para um patamar mais alto, e não fatalmente um mergulho na autodestruição. Estaríamos, portanto, em um cenário de crise de paradigma civilizacional, e não de tragédia.

Mas haverá tempo para tal aprendizado? Tudo parece indicar que o tempo corre contra nós. Não estaríamos chegando tarde demais, estando no tempo do não retorno? Mas como a evolução não é linear e conhece frequentes rupturas e saltos para cima como expressão de maior complexidade e como existe o caráter indeterminado e flutuante de todas as energias e de toda a evolução, consoante a física quântica de W. Heisenberg e de N. Bohr, nada impede que ocorra a emergência de um outro patamar de consciência e de vida humana que salvaguarde a biosfera e o Planeta Terra.

Essa transmutação seria, segundo Santo Agostinho em suas *Confissões*, fruto de duas grandes forças: de um grande amor e de uma grande dor. É o amor e a dor que têm o condão de nos transformar inteiramente. Desta vez, mudaremos por um imenso amor à Terra, nossa Mãe, e por uma grande dor pelas penas que está sofrendo.

Mesmo assim, na hipótese de um eventual desaparecimento da espécie humana, que consequências se derivariam para nós e para o processo da evolução?

Antes de qualquer consideração, seria uma catástrofe biológica de incomensurável magnitude. O trabalho de pelo menos 3,8 bilhões de anos (provável surgimento da vida), dos últimos 7-8 milhões de anos (aparecimento da espécie *homo*) e dos últimos 100 mil anos (irrupção do *homo sapiens sapiens*) teria sido, senão anulado, pelo menos profundamente afetado.

O ser humano, na medida em que podemos constatar, estudando o universo, é o ser da natureza mais complexo já conhecido. Complexo em seu *corpo*, com 30 bilhões de células continuamente renovadas pelo sistema genético; complexo em seu *cérebro*, com 100 bilhões de neurônios em contínua sinapse; complexo em sua *interioridade* – em sua psique e em sua consciência – carregada de informações recolhidas desde o irromper do cosmos com o *big-bang* e enriquecida com emoções, sonhos, arquétipos, símbolos oriundos das interações da consciência consigo mesma e com o ambiente à sua volta; complexo em seu *espírito*, capaz de captar o Todo, sentir-se parte dele e se identificar com aquele Elo que une e re-úne, liga e re-liga todas as coisas, fazendo que não sejam caóticas, mas ordenadas, conferindo sentido e significado à existência neste mundo e nos fazendo suscitar sentimentos de profunda veneração e respeito face à *grandeur* do cosmos.

Até hoje não foram identificadas cientificamente e de forma irrefutável outras inteligências no universo. Por enquanto somos, como espécie *homo*, uma singularidade sem comparação no cosmos. Somos habitantes de uma galáxia média, a Via Láctea, dependendo de uma estrela, o Sol, de quinta grandeza, em um canto da Via Láctea, morando no terceiro planeta do sistema solar, a Terra, e agora estando aqui neste pequeno espaço virtual discutindo sobre as consequências de nosso provável fim.

O universo, a história de todas as formas de vida e a história da vida humana perderiam algo inestimável. Toda a criatividade produzida por este ser, criado criador, que fez coisas que a evolução por ela mesma jamais faria, como uma tela de Di Cavalcanti ou uma sinfonia de Beethoven, um poema de Carlos Drummond de Andrade ou um canal de televisão, um avião, a internet com suas redes sociais, as construções da cultura – seja material, simbólica ou espiritual.

Teriam desaparecido para sempre, virado pó, as grandes produções poéticas, musicais, literárias, científicas, sociais, políticas, éticas e religiosas.

Para sempre teriam desaparecido as referências de figuras paradigmáticas de seres humanos entregues ao amor, ao cuidado, à compaixão e à proteção da vida em todas as suas formas como Buda, Chuang-tzu, Moisés, Jesus, Maria de Nazaré, Maomé, Francisco de Assis, Teresa de Ávila, Gandhi, Dom Hélder Câmara, entre tantos e tantas pessoas.

Para sempre teriam desaparecido também as antifiguras que macularam o humano e violaram a dignidade da vida em incontáveis guerras e extermínios, cujos nomes sequer queremos mencionar. Cabe lembrar as queimadas fenomenais na Amazônia e no Pantanal, muito provavelmente provocadas intencionalmente por gananciosos buscadores de lucro a qualquer custo. Tais eventos podem ameaçar o equilíbrio dos climas da Terra.

Para sempre teria desaparecido a decifração feita da Fonte Originária de Todo Ser, que permeia toda a realidade e a consciência de nossa profunda comunhão com ela, fazendo-nos sentir filhos e filhas do Mistério Inominável e nos compreendermos como um projeto infinito que somente descansa quando se aconchega no seio deste Mistério de infinita ternura e bondade.

Para sempre tudo isso teria desaparecido desta pequena parte do universo, que é a nossa Mãe Terra.

Por fim, cabe perguntar: Quem nos substituiria na evolução da vida, caso alguma forma de vida subsistisse? Na hipótese de que o ser humano venha a desaparecer como espécie, mesmo assim o princípio de inteligibilidade e de amorização ficaria preservado. Primeiramente ele está no universo, e só depois nos seres humanos. Esse princípio é tão ancestral quanto o universo.

Quando, nos primeiríssimos momentos após a grande explosão, quarks, prótons e outras partículas elementares começaram a interagir, surgiram campos de relações e unidades de informação e ordens mínimas de complexidade. Aí se manifestava aquilo que depois passou a ser chamado de espírito, aquela capacidade de criar unidades e quadros de ordem e sentido. Ao desaparecer dentro da espécie humana, ele emergiria, um dia – quem sabe em milhões de anos de evolução – em algum ser mais complexo.

O eminente naturalista, já citado, Théodore Monod, falecido no ano de 2000, chega a sugerir um candidato já presente na evolução atual, os *cefalópodes*; isto é, uma espécie de moluscos à semelhança dos polvos e das lulas. Alguns deles possuem um aperfeiçoamento anatômico notável; sua cabeça vem dotada de uma cápsula cartilaginosa, funcionando como crânio, e possuem olhos como os vertebrados. Detêm, ainda, um psiquismo altamente desenvolvido, até com dupla memória, quando nós possuímos apenas uma.

Evidentemente, eles não sairiam amanhã do mar e entrariam continente adentro ocupando nossas casas, nossas cátedras ou lugares de trabalho. Para isso precisariam de milhões de anos de evolução, como nós precisamos. Porém, já possuem a base biológica para um salto rumo à consciência.

De todas as formas, urge escolher: ou o ser humano e seu futuro ou os polvos e as lulas. Mais do que otimismo, alimento a esperança de que vamos criar juízo e aprender a ser sábios.

Entretanto, agora importa manifestar amor à vida em sua majestática diversidade, ter com-paixão para com todos os que sofrem, realizar rapidamente a justiça social necessária e amar a Grande Mãe, a Terra. Incentivam-nos as Escrituras judaico-cristãs: "Escolha a vida, e viverás" (Dt 30,28) Andemos depressa, pois não temos mais tempo a perder.

Por fim, buscando radicalidade, perguntamo-nos: como a teologia cristã vê esta questão, de uma eventual extinção da espécie humana? Antes, situemos a pergunta em sua tradição histórica, pois não é a primeira vez que os seres humanos colocam seriamente esta questão. Sempre que uma cultura entra em crise, como a nossa, surgem mitos de fim do mundo e de destruição da espécie. Usa-se, então, um recurso literário conhecido: relatos patéticos de visões e de intervenções de anjos que se comunicam para anunciar mudanças iminentes e preparar a humanidade. No Novo Testamento, esse gênero ganhou corpo no Livro do Apocalipse e em alguns trechos dos evangelhos que colocam na boca de Jesus predições de fim do mundo.

Hoje prolifera vasta literatura esotérica, que usa códigos diferentes como passagem a outro tipo de vibração e comunicação com extraterrestres. Mas a mensagem é idêntica: a viragem é iminente, sendo necessário estarmos preparados.

O importante é não deixarmos nos iludir por esse tipo de linguagem. Trata-se de linguagem de tempos de crise, e não de uma reportagem antecipada do que vai ocorrer. Mas há uma diferença entre os antigos e nós. Para eles, o fim do mundo estava no imaginário, e não no processo realmente existente; para nós, está no processo real, pois criamos, de fato, o princípio de autodestruição.

E se desaparecermos, como isso será interpretado? Chegou a nossa vez no processo de evolução, já que sempre há espécies desaparecendo naturalmente? O que diz a reflexão teológica cristã?

Sucintamente diria: se o ser humano frustrar sua aventura planetária isso significa, sem dúvida, uma tragédia inominável. Mas não seria uma tragédia absoluta; essa, ele já perpetrou um dia, quando o Filho de Deus se encarnou em nossa miséria, por Jesus de Nazaré. Logo após o seu nascimento, Ele foi ameaçado de morte por Herodes, que sacrificou todas as crianças dos arredores de Belém, na esperança de ter assassinado o Messias depois, durante a sua vida, foi caluniando, perseguido, rejeitado, preso, torturado e pregado em uma cruz.

Só então se formalizou o que chamamos de pecado original, que é um processo histórico de negação da vida. Mas, creem os cristãos, ocorreu outrossim a suprema salvação, pois onde abundou pecado superabundou a graça. Houve a ressurreição, não como reanimação de um cadáver, mas como irrupção do ser humano novo, na plenitude de suas virtualidades realizadas. Entretanto, maior perversidade do que matar a criatura, a vida, o planeta, é matar o Filho de Deus encarnado.

Mesmo que a espécie mate a si mesma, ela não consegue matar tudo dela. Só mata o que é. Não pode matar aquilo que ainda não é: as virtualidades escondidas nela e que querem se realizar.

E aqui entra a morte em sua função libertadora; ela não separa corpo e alma, pois no ser humano nada há para separar. Este é um ser unitário com muitas dimensões; a exterior e material, o corpo; e esse mesmo corpo com sua interioridade e profundidade, que chamamos de espírito. O que a morte separa é o tempo da eternidade; ao morrer, o ser humano deixa o tempo e penetra na eternidade. Caindo as barreiras espaçotemporais, as virtualidades agrilhoadas podem desabrochar em sua plenitude. Só então acabaremos de nascer como seres humanos plenos (Boff, 2000). Portanto, mesmo com a liquidação criminosa da espécie, o triunfo da espécie não é frustrado. Ela sai tragicamente do tempo pela morte; morte esta que lhe concede entrar na eternidade. E Deus é aquele que pode tirar da morte a vida e da ruína a nova criatura.

Alimentamos essa esperança. Assim como o ser humano domesticou outros meios de destruição – o primeiro deles foi o fogo, que originou os mitos de fim do mundo –, agora, esperamos, domesticará os meios que podem destruí-lo. Aqui caberia uma análise das possibilidades dadas pela nanotecnologia (que trabalha com partículas ínfimas de átomos, genes e moléculas), que pode, eventualmente, oferecer meios ou mudanças na consciência humana, capaz de salvaguardar a biosfera (cf. Martins, 2006, p. 168-170).

Mais esclarecedor é pensar essas questões em termos da física quântica e da nova cosmologia. A evolução não é linear; ela acumula energia e dá saltos. Assim também nos sugere a física quântica à la Niels Bohr e Werner Heisenberg: virtualidades escondidas, vindas daquela Energia de Fundo – verdadeiro oceano indecifrável de energias de toda ordem e que subjaz e pervade todo o universo, a Terra e cada ser humano – podem irromper e modificar a seta da evolução.

Recuso-me a pensar que nosso destino, depois de milhões de anos de evolução, termine assim miseravelmente no próximo tempo ou nas próximas gerações. Haverá um salto, quem sabe, na direção daquilo que, já em 1933, Pierre Teilhard de Chardin anunciava: a irrupção da *noosfera*; vale dizer, aquele estado de consciência e de relação com a natureza que inaugurará uma nova convergência de mentes e corações, e assim um novo patamar da evolução humana e da história da Terra.

Nessa perspectiva, o cenário atual não seria de tragédia, mas de crise de paradigma, da forma como habitamos a Casa Comum. A crise acrisola, purifica e amadurece; ela anuncia um novo começo. Nossa dor é de um parto promissor, e não as dores de um moribundo, nas vascas da morte. Ainda vamos irradiar.

O que importa dizer é que não acabaria *o mundo*, mas pode acabar *este tipo* de mundo insensato que ama a guerra e a destruição em massa. Vamos inaugurar um mundo humano que ama a vida, dessacraliza a violência, tem cuidado e piedade para com todos os seres, pratica a justiça verdadeira, venera o Mistério do mundo que chamamos de Fonte Originária, que faz ser todos os seres e que nós nomeamos Deus; enfim, que nos permite estar no monte das bem-aventuranças. O ser humano terá simplesmente aprendido a tratar humanamente todos os seus semelhantes, e com cuidado, respeito e compaixão todos os demais seres. Tudo o que existe merece existir; tudo o que vive merece viver, especialmente nós, seres humanos.

Marcos teóricos para entender o que ocorre no mundo

Toda a realidade histórico-social, por melhor que se apresente ou mergulhada em uma situação de caos, demanda uma grelha teórica (conjunto de conceitos) para poder ser entendida; seja para fazer frente às ameaças que pode representar, seja para celebrar uma nova ordem que pode surgir com suas promessas.

O primeiro marco teórico segue a ciência assim como vem comumente praticada, cujo método se inaugurou no século XVIII com os pais fundadores do paradigma científico moderno. Ela ganhou sua mais clara expressão pelos resultados do IPCC que acompanha o aquecimento atual e a saúde da Terra; ela se orienta pelo princípio da ordem/desordem.

Os fatos sobre os quais reflete – tomando como exemplo a intrusão da covid-19 – mostram a reação da Terra contra as agressões feitas pelos seres humanos na era geológica do antropoceno. Outro dado é o crescimento do aquecimento global; sendo que o CO_2, como sabemos, permanece na atmosfera por mais de cem anos. Dada a voracidade industrialista, isso está chegando a um limite perigoso. Até 2030, as emissões de CO_2 deverão ser reduzidas drasticamente; caso contrário, conheceremos uma dramática transformação do equilíbrio da Terra, ameaçando gravemente a biosfera, o que além de outros danos, geraria milhões de emigrados no mundo.

Outro dado é a *Sobrecarga da Terra* (*The Earth Overshoot*), vale dizer, a exaustão dos bens e serviços necessários para a manutenção da vida humana e terrestre. Ela está se tornando cada vez mais grave. Mantendo-se o nível de consumo atual, que exige mais de uma Terra e meia, pode-se elevar ainda mais a iniquidade social. Há 9 fronteiras planetárias para o desenvolvimento que não devem ser ultrapassadas, (clima, água, solo, biodiversidade, diminuição da camada de oxônio etc.). Quatro se encontram em alto grau de erosão. A partir da quinta, pode ocorrer um efeito dominó, pois todos os fatores são sistêmicos e se articulam. Aí poderia ocorrer um colapso de nossa civilização.

Resultado final: o cenário é dramático para o sistema-vida e o sistema-Terra, agravado pela grande ausência de consciência coletiva das reais ameaças que pesam sobre humanidade, pela maioria das pessoas e pelos chefes de Estado. Corremos o risco de engrossar o cortejo daqueles que rumam na direção da própria sepultura (Z. Bauman). Essa leitura leva ao pessimismo e ao desinteresse das pessoas pelo fator ecológico.

O segundo marco teórico parte da nova cosmogênese, das ciências da vida e da Terra. A categoria central não é a ordem, mas o caos. Aqui são utilizadas conquistas advindas da teoria do caos, que nos fornece uma leitura mais positiva e promissora. Junto com a teoria da relatividade de Einstein, da mecânica quântica de Heisenberg/Bohr e da teoria do caos de Lorenz/Prigogine, fundou-se um novo paradigma científico que interpreta de outra forma a realidade histórico-social. Tudo no universo vem de um incomensurável caos (*big-bang*). Sua explosão, há 13,7 bilhões de anos, projetou matéria, energia e informações em todas as direções.

A evolução se faz como forma de colocar ordem nesse caos. Assim, surgiram as grandes estrelas vermelhas. De sua explosão, os materiais formados dentro delas foram lançados em todas as direções, criando as galáxias, os buracos negros, as estrelas, nosso Sol, a Terra e tudo o que ela contém. Esse caos é singular: possui uma *dimensão destrutiva* (caótica) e *outra construtiva* (generativa).

Como foi mostrado por Bohr, Lorenz e Prigogine, no interior desse caos sempre se forma uma nova ordem, que emerge dominante na medida em que diminui (sem nunca desaparecer totalmente) a destrutividade do caos. Triunfa uma nova ordem, mais alta e complexa, que gera otimismo e esperança de um futuro melhor para a humanidade e para a Terra. O caos se faz presente em todos os seres, também nos humanos, sempre que uma ordem dada já não dá conta dos problemas criados. Assim, nós humanos somos caóticos e cosméticos (ordenados), sapientes e dementes, portadores de amor e empatia, e simultaneamente de ódio e de exclusão. Somos a convivência destes contrários.

Neste momento, com presença dos vírus e pela dramática irrupção de eventos extremos por causa do novo regime climático, estamos no coração de um poderoso caos, afetando todo o planeta e cada um dos humanos.

Mas isso nos fez descobrir a Terra como um todo e que somos também Terra, parte consciente dela, e não seus donos e senhores. O vírus invalidou os soberanismos tradicionais, pois ele não respeitou os limites das nações, fez descobrir que a nossa essência humana é feita de colaboração/solidariedade e da ética do cuidado de uns para com os outros e para com a natureza. Mostrou-nos a urgência de construir a Terra como mátria/pátria comum, como a Grande Casa dentro da qual vivemos, incluindo-se a natureza.

A pandemia fez surgir a necessidade de um pacto social planetário para vivermos como espécie em paz e com um mínimo de tensões; de uma civilização centrada no valor supremo da vida, colocando-se a economia e a política a serviço da perpetuação de todo tipo de vida, especialmente da nossa.

A conclusão que derivamos deste tipo de interpretação é que uma velha ordem entrou em caos irreversível, mas que dentro desse caos está se gestando (não sem sofrimento) uma nova ordem; vale dizer, uma forma nova de habitar a Terra em sinergia com a natureza, com fraternidade e amor social. Isso não ocorre em um abrir e fechar de olhos, pois o caos possui uma longa história e uma lenta agonia. Mas ele, lentamente, perde força destrutiva para dar lugar à nova ordem emergente, que assumirá a hegemonia do curso da história.

Resumo da ópera: não vamos na direção de nossa sepultura, mas de *um novo tipo de mundo*. O sonho dos Foros Sociais Mundiais se realizará não apenas como um novo mundo possível, mas como um *novo mundo necessário*. Dentro dele estarão os vários mundos culturais – chinês, indiano, andino, africano e brasileiro – com seus valores e tradições, mostrando as diversidades na forma de sermos humanos.

Por onde começar? O Papa Francisco, na Encíclica *Fratelli Tutti*, diz: devemos começar debaixo (pois de cima vem sempre mais do mesmo ou pior), com cada um, com cada localidade, com cada país, até o último rincão do planeta. Tudo começará *no território* (biorregionalismo), não como vem delimitado artificialmente pela geografia política dos municípios, mas pelas formas que a natureza o configurou, com suas montanhas, seus rios suas florestas, seus solos, suas paisagens, sua biodiversidade e, principalmente, com a população que por decênios ou séculos habitou aquele lugar.

Tudo será integrado em pequenas e médias empresas de produção, começando com a agroecologia, com um novo tipo de democracia socioecológica, reconhecendo os direitos da natureza e da Mãe Terra, com a inclusão de todos e com políticas de diminuição ao máximo da pobreza e a integração pacífica de todos. As tradições culturais, as festas profanas e religiosas, a veneração dos artistas, dos poetas e dos escritores, dos políticos exemplares, de seus santos, santas e sábios conformarão o território no qual, verdadeiramente, será possível realizar a real sustentabilidade,

Poderíamos representar a Terra como um imenso tapete urdido de territórios autônomos e interligados, constituindo a nova era da Casa Comum, da Mãe Terra, Mãe de todas as lutas e de todas as vitórias; cuidada, amada e habitada por povos que se sentem irmãos e irmãs porque todos são filhos e filhas da Magna Mater, ou melhor: são a própria Terra que sente, pensa, ama, cuida e venera. Estaremos juntos na alegre celebração do Mistério do mundo e do milagre de nossa própria existência, compartilhada com toda a comunidade de vida. Uma utopia? Sim, mas necessária, pois para lá aponta o caminho da evolução ascendente e a seta do tempo, representa o anseio de todos os povos e também realiza o desígnio do Criador.

Quebra de paradigma: do *dominus* (dono) ao *frater* (irmão/irmã)

A encíclica do Papa Francisco, *Fratelli Tutti* – assinada sobre a sepultura de Francisco de Assis, na cidade de Assis, no dia 3 de outubro de 2020 – será um marco na doutrina social da Igreja. Ela é vasta e detalhada em sua temática, sempre procurando somar valores, até do liberalismo que ele fortemente critica. Certamente será analisada detalhadamente por cristãos e não cristãos, pois se dirige a todas as pessoas de boa vontade. Ressaltarei neste capítulo aquilo que considero inovador face ao magistério anterior dos papas.

Em primeiro lugar, é preciso ficar claro que o papa apresenta uma alternativa paradigmática à nossa forma de habitar a Casa Comum, submetida a muitas ameaças. Faz uma descrição das "sombras densas" que equivalem, como ele mesmo afirmou em vários pronunciamentos, "a uma Terceira Guerra Mundial em pedaços". Atualmente, não há um projeto comum para a humanidade (n. 18). Mas um fio condutor passa por toda a encíclica: "a consciência de que ou nos salvamos todos ou ninguém se salva" (n. 32). Esse é o projeto novo, expresso nestas palavras: "Entrego esta encíclica social como uma humilde contribuição à reflexão para que frente às diversas formas de eliminar ou de ignorar os outros, sejamos capazes de reagir com um novo sonho de fraternidade e de amizade social" (n. 6).

Devemos compreender bem esta alternativa. Viemos e estamos ainda dentro de um paradigma que está na base da Modernidade; é antropocêntrico. É o reino do *dominus*: o ser humano como *senhor e dono* da natureza e da Terra, que só possuem sentido na medida em que se ordenam a ele. Mudou a face da Terra, trouxe muitas vantagens, mas também criou um princípio de autodestruição. É o impasse atual das "sombras densas". Face a esta cosmovisão, a Encíclica *Fratelli Tutti* propõe um novo paradigma: o do *frater*, o do irmão, da *fraternidade universal* e da *amizade social*. Desloca o centro: de uma civilização técnico-industrialista e individualista para uma civilização solidária, da preservação e do cuidado de toda a vida. Esta é a intenção originária do papa. Nessa viragem está nossa salvação; superaremos a visão apocalíptica da ameaça do fim da espécie por uma visão da esperança de que podemos e devemos mudar de rumo.

Para isso, precisamos alimentar a esperança. Diz o papa: "convido-os à esperança que nos fala de uma realidade enraizada no profundo do ser humano, independentemente das circunstâncias concretas e dos condicionamentos históricos em que vive" (n. 55). Aqui ressoa o *princípio-esperança*, que é mais do que a virtude da esperança, mas um princípio, motor interior para projetar sonhos e visões novas, tão bem-formulado por Ernst Bloch. O encíclica enfatiza: "a afirmação de que os seres humanos somos irmãos e irmãs, que não é uma abstração, senão que se faz carne e se torna concreta, coloca-nos uma série de desafios que nos *deslocam*, obrigam a assumir *novas perspectivas* e a desenvolver *novas reações*" (n. 128). Como se depreende, trata-se de um rumo novo, de uma viragem paradigmática.

Por onde começar? Aqui o papa revela sua atitude de base, com frequência repetida aos movimentos sociais: "Não esperem nada de cima, pois vem sempre mais do mesmo ou pior; comecem por vocês mesmos". Por isso, sugere: "É possível *começar de baixo*, de cada um, lutar pelo mais concreto e local, até o último rincão da pátria e do mundo" (n. 78). O papa sugere o que hoje é a ponta da discussão ecológica: trabalhar a região, o biorregionalismo, que possibilita a verdadeira sustentabilidade e a humanização das comunidades e articula o local com o universal (n. 147).

Ele tem longas reflexões sobre a economia e a política, mas realça: "a política não deve submeter-se à economia, e esta não deve submeter-se aos ditames e ao paradigma eficientista da tecnocracia" (n. 177). Faz uma crítica contundente ao mercado: "O mercado sozinho não resolve tudo, como nos querem fazer crer no dogma de fé neoliberal; trata-se de um pensamento pobre, repetitivo, que propõe sempre as mesmas receitas para qualquer desafio que se apresente; o neoliberalismo reproduz a si mesmo como o único caminho para resolver os problemas sociais" (n. 168). "A globalização nos fez mais próximos, mas não mais irmãos" (n. 12). "Cria apenas sócios, mas não irmãos" (n. 101).

Tendo em mente a Parábola do Bom Samaritano, o papa procede a uma análise rigorosa dos vários personagens que entram em cena e os aplica à economia política, culminando com a pergunta: "Com quem você se identifica; com o ferido na estrada, o sacerdote, o levita ou o forasteiro, o samaritano, desprezado pelos judeus? Esta pergunta é crua, direta e determinante. Com qual deles você se parece?" (n. 64). "O bom samaritano é feito modelo do amor social e político" (n. 66).

O novo paradigma da fraternidade e do amor social se desdobra no amor em sua concretização pública, no cuidado dos mais frágeis, na cultura do encontro e do diálogo, na política como ternura e amabilidade

Quanto à cultura do encontro, toma a liberdade de citar o poeta brasileiro Vinicius de Moraes em seu *Samba da bênção*, na faixa "Encontro *au bon gourmet*", de 1962 onde diz: "A vida é a arte do encontro, embora haja tantos desencontros na vida" (n. 215).

Afirma de forma surpreendente: "Também na política há lugar para o *amor com ternura*: aos mais pequenos, aos mais débeis, aos mais pobres; eles devem enternecer-nos e têm o 'direito' de nos encher a alma e o coração; sim, são nossos irmãos, e como tais temos que amá-los e assim tratá-los" (n. 194). Pergunta o que é a ternura e responde: "É o amor que se faz próximo e concreto; é um movimento que procede do coração e chega aos olhos, aos ouvidos, às mãos" (n. 196). Isso nos faz recordar a frase de Gandhi, uma das inspirações do papa, ao lado de São Francisco, Luther King, Desmond Tutu: a política é um gesto de amor ao povo, o cuidado das coisas comuns.

Junto com a ternura vem a *amabilidade* que nós traduziríamos por gentileza, lembrando o Profeta Gentileza, que nas ruas do Rio de Janeiro proclamava a todos os passantes: "Gentileza gera gentileza", e "Deus é gentileza", bem no estilo de São Francisco. Assim define a amabilidade: "um estado de ânimo que não é áspero, rude, duro, senão afável, suave, que sustenta e fortalece; uma pessoa que possui esta qualidade ajuda os demais para que sua existência seja mais suportável" (n. 223). Eis um desafio aos políticos, feito também aos bispos e padres: fazer a revolução da ternura.

A solidariedade é um dos fundamentos do humano e do social. Ela "se expressa concretamente no serviço, que pode assumir formas muito diversas e de tomar para si o peso dos outros; em grande parte, é cuidar da fragilidade humana" (n. 115). Essa solidariedade se mostrou ausente e só depois eficaz, no combate da covid-19. Ela impede a bifurcação da humanidade entre o "meu mundo" e os "outros", "eles", pois "muitos deixam de ser considerados seres humanos, com uma dignidade inalienável, e passam a ser apenas 'eles'" (n. 27). E conclui com um grande desejo: "Oxalá, no final não haja 'os outros', mas apenas um 'nós'" (n. 35).

Para esse desafio de dar corpo ao sonho de uma fraternidade universal e de amor social convoca todas as religiões, pois "elas oferecem uma contribuição valiosa na construção da fraternidade e para a defesa da justiça na sociedade" (n. 271).

No final, evoca a figura do irmãozinho de Jesus, Charles de Foucauld, que no deserto do norte da África, junto à população muçulmana, queria ser "definitivamente o irmão universal" (n. 287). Fazendo seu este propósito, o Papa Francisco observa: "Só identificando-se com os últimos chegou a ser o irmão de todos; que Deus inspire esse sonho em cada um de nós. Amém!" (n. 288).

Estamos diante de um homem, o Papa Francisco, que no seguimento de sua fonte inspiradora, Francisco de Assis, se fez também um homem universal, acolhendo a todos e se identificando com os mais vulneráveis e invisíveis de nosso mundo cruel e sem humanidade. Ele suscita a esperança de que podemos e devemos alimentar o sonho da fraternidade sem fronteiras e do amor universal.

Ele fez a sua parte. Compete a nós não deixar que o sonho seja apenas sonho, mas seja o começo seminal de uma nova forma de habitar juntos, como irmãos e irmãs, e mais a natureza, na mesma Casa Comum. Teremos tempo e sabedoria para esse salto? Seguramente continuarão as "sombras densas", mas temos uma lâmpada nessa encíclica de esperança do Papa Francisco. Ela não dissipa todas as sombras; mas basta para vislumbrar o caminho a ser percorrido por todos.

Novos cidadãos: Terra e natureza, sujeitos de direitos

Com a intrusão da covid-19 e os desastres ecológico--sociais que estão se agravando cada vez mais com o aumento dos eventos extremos, a natureza e a Terra entraram no radar das preocupações humanas. O fato é que nos encontramos dentro da sexta extinção em massa, agravada pelo antropoceno e pelo necroceno nos últimos decênios e ultimamente pelo piroceno. Por isso, impõe-se outro tipo de relação para com a natureza e para com a Terra, nossa Casa Comum, para que mantenham sua biocapacidade.

Isso só ocorrerá se refizermos o *contrato natural* com a Terra e se considerarmos que todos os seres vivos, portadores do mesmo código genético de base, formam a grande comunidade de vida, como entende a *Carta da Terra*. Esta afirma taxativamente que todos eles têm valor intrínseco, independente do uso que fizermos deles e, por isso, merecem respeito e são sujeitos de dignidade e de direitos. Repetidamente em sua encíclica ecológica *Laudato Si'* enfatiza o Papa Francisco que "cada criatura possui um valor e um significado próprio" (n. 76).

Todo contrato é feito a partir da reciprocidade, da troca e do reconhecimento de direitos de cada uma das partes. Da Terra recebemos tudo: a vida e os meios de vida. Em retribuição, temos um dever de gratidão, de retribuição e de cuidado. Mas nós, há muito, rompemos esse contrato natural. Temos submetido a Mãe Terra a uma verdadeira guerra, no afã de arrancar-lhe, sem qualquer outra consideração, tudo o que achávamos útil para o nosso uso e desfrute, como se nós fôssemos seus donos, quando somos parte integrante dela.

Se não restabelecermos esse laço de mutualidade duradoura, ela pode, eventualmente, não nos querer mais sobre a sua face. Por isso, a sustentabilidade é essencial, por constituir a base de um refazimento real do contrato natural.

Nos dias 19 a 23 de abril de 2009, celebrou-se em Cochabamba, Bolívia, convocada por Evo Morales, a Cúpula dos Povos sobre as Mudanças Climáticas e os Direitos da Mãe Terra. Daí surgiu a *Carta dos Direitos da Mãe Terra* com os itens afirmados por ele na ONU, na qual eu mesmo estava presente com o encargo de fundar teoricamente tais direitos.

Ao discutir sobre o dia 22 de abril, se ele continuaria sendo chamado de *Dia da Terra* ou se deveria chamar *Dia da Mãe Terra*, em pronunciamento, Evo Morales elencou alguns dos direitos da Pacha Mama:

Direito à vida e a existir;
Direito a ser respeitada;
Direito à regeneração de sua biocapacidade e continuação de seus ciclos e processos vitais, livre das alterações humanas;
Direito a manter sua identidade e integridade como ser diferenciado, autorregulado e inter-relacionado;
Direito à água, como fonte de vida;
Direito ao ar limpo;
Direito à saúde integral;
Direito de estar livre da contaminação, poluição e resíduos tóxicos ou radioativos;
Direito a não ser alterada geneticamente e modificada em sua estrutura, ameaçando assim a sua integridade ou funcionamento vital e saudável;
Direito a uma plena e pronta restauração depois de violações aos direitos reconhecidos nesta Declaração e causados pelas atividades humanas.

Sua proposta foi acolhida unanimemente pela Assembleia dos Povos.

Esta visão permite renovar o *contrato natural* para com a Terra que, articulado com o *contrato social* entre os cidadãos, acabará por reforçar a sustentabilidade planetária e garantir os direitos da natureza e da Terra.

Hoje sabemos, pela nova cosmologia, que todos os seres possuem não apenas massa e energia; também são portadores de *informação*, que resulta das permanentes interações entre si e que vão crescendo até irromper como autoconsciência. Tal fato implica níveis de subjetividade e de história, e aqui reside a base científica que justifica a ampliação da personalidade jurídica à Terra viva.

A partir dos anos de 1970, como hipótese, e, a partir de 2002, como teoria científica acolheu-se a visão de que a Terra é um Super Ente vivo que se comporta, sistemicamente, articulando os fatores biogeoquímicos de tal forma, que sempre continua viva e produtora de vida.

Ao afirmar ser um Super Ente vivo, cabe a ela a dignidade e o respeito que toda vida merece. Cresce mais e mais a clara consciência de que tudo o que existe merece existir e tudo o que vive merece viver. E a nós cabe acolher sua existência, defendê-la e garantir-lhe as condições de continuar evoluindo.

Ademais, ninguém duvida de que o ser humano é sujeito de direitos inalienáveis e de que goza de subjetividade e de história. Ora, este ser humano, como sustentam muitos cosmólogos e antropólogos, é a própria Terra, que em um momento avançado de sua complexidade começou a sentir, a pensar, a amar e a cuidar. Esses direitos humanos, pelo fato de nós sermos Terra, devem ser atribuídos também à Terra. Os modernos a chamaram de Gaia, os antigos de Grande Mãe e os andinos de Pacha Mama.

Essa subjetividade possui história; quer dizer, encontra-se dentro do imenso processo cosmogênico, fazendo que a Terra viva, através dos seres humanos, veja a si mesma, contemple o universo e represente o estágio mais avançado do cosmos até agora conhecido.

Michel Serres, filósofo francês das ciências, afirmou com propriedade: "A Declaração dos Direitos do Homem de 1789, da Revolução Francesa, teve *o mérito* de dizer que 'todos os homens têm direitos', mas o *defeito* de pensar que 'só os homens têm direito'".

Houve muita luta para se reconhecer plenamente os direitos das mulheres, dos indígenas, dos negros, como agora está exigindo muito esforço o reconhecimento dos direitos da natureza e da Mãe Terra, formada pelo conjunto de todos os ecossistemas.

Por causa de sua mútua imbricação, Terra e humanidade possuem o mesmo destino. Cabe a nós, sua porção consciente e seus cuidadores, fazer com que este destino comum seja bem-sucedido, respeitando-se a dignidade e os direitos da Mãe Terra.

Terra e humanidade, unidas na saúde e na doença

A intrusão do Coronavírus em 2019 e outros que o antecederam, revelaram a íntima conexão existente entre Terra e humanidade. Consoante a nova cosmologia (visão evolucionista do universo), nós humanos formamos uma entidade única com a Terra, que é parte do sistema solar, da Via-Láctea e do universo. Participamos de sua saúde e também de sua doença.

Isaac Asimov, cientista russo, famoso por seus livros de divulgação científica, a pedido da Revista *New York Times* (09/10/1982) por ocasião da celebração dos 25 anos do lançamento do Sputnik, que inaugurou a era espacial, escreveu um artigo sobre o legado daquele quarto de século espacial.

O *primeiro legado*, sinalizou ele, é a percepção de que, na perspectiva das naves espaciais, a Terra e a humanidade formam uma única entidade; vale dizer, um único ser: complexo, diverso, contraditório e dotado de grande dinamismo.

O *segundo legado* é a irrupção da consciência planetária: construir a Terra, e não simplesmente as nações, é o grande projeto e desafio humano. Terra e humanidade, porque formam uma unidade complexa, possuem um destino comum; o que se passa em uma, se passa também em outra. Adoece a Terra, adoece juntamente o ser humano; adoece o ser humano, adoece também a Terra. Estamos unidos pelo bem e pelo mal.

A partir do final de 2019, a Terra inteira e cada pessoa fomos atacados pela covid-19. Além disso, no Brasil, fomos vítimas de um chefe de Estado insano, Jair Bolsonaro, que não elaborou nenhum projeto oficial de preservação da vida de seu povo. Ele até ensaiou, em Manaus, uma espécie de imunização como efeito de contaminação massiva de pessoas (imunização de rebanho), levando à morte muitos brasileiros.

Todos, de uma forma ou de outra, nos sentimos doentes: física, psíquica e espiritualmente. Por que chegamos a isso? É errôneo considerar o vírus isoladamente, fora de contexto. Precisamos incluí-lo na forma pela qual há três séculos estamos organizando nossa sociedade, hegemonizada pelos poderosos e excluindo as grandes maiorias, na pilhagem ilimitada dos bens e serviços da Terra para proveito e enriquecimento humanos. Eles, não os pobres, em seu afã, devastaram grande parte dos biomas da Terra e deram origem ao aquecimento global.

Como analisamos anteriormente, inauguramos o que alguns cientistas chamam de *antropoceno*; quer dizer, o ser humano como a grande ameaça à vida. A eliminação de espécies em decorrência da fúria capitalista de explorar sem limites e sem escrúpulos os bens naturais permite que se fale em *necroceno*: a morte massiva de vida; sejam humanas, sejam da natureza. Ultimamente começou a se falar em *piroceno* (*píros* em grego é fogo), que já ocasionou grandes incêndios.

Resumindo, essas eras geológicas ocuparam 83% do planeta, desflorestando, poluindo o ar, a água e os solos. Nas palavras do pensador francês Michel Serres, movemos uma guerra total contra Gaia, atacando-a em todas as frentes, sem nenhuma chance de vencê-la. A consequência foi a destruição do *habitat* de milhares de espécies de vírus. Para sobreviver, saltaram para outros animais, e destes para nós.

A covid-19 simboliza um contra-ataque da Terra contra a sistemática agressão que vem sofrendo. A Terra adoeceu e repassou sua doença para nós, mediante uma gama de vírus e doenças: zika, chikungunya, ebola, gripe aviária, gripe suína etc. Como formamos uma complexa unidade com a Terra, adoecemos junto com ela.

De modo geral, devemos entender que a reação da Terra à nossa violência se mostra pela febre (aquecimento global), que não é uma doença, mas aponta para um sintoma dela: o alto nível de contaminação de gases de efeito estufa que ela não consegue digerir e, por isso, sua incapacidade de continuar nos oferecendo seus bens e serviços naturais.

Durante o ápice da infestação da covid-19, passamos por momentos penosos; o necessário isolamento social, com as devidas medidas preventivas, levou-nos à prostração, desvitalização, irritação... Em uma palavra, fomos tomados por enorme pesadelo. Uma quantidade enorme de pessoas que contraíram a doença passou a sofrer com as sequelas deixadas por ela. Milhares de entes queridos mortos não puderam ser acompanhados em seu sepultamento, prestando-lhes a última despedida. Tudo isso nos acabrunhou e pôs em xeque o sentido da vida e o futuro de nossa convivência no planeta.

A muito custo estamos aprendendo que não são os mantras do capitalismo e do neoliberalismo que estão nos salvando. Mas sim, o valor central da vida, a solidariedade, a interpendência de todos, o cuidado da natureza, um Estado bem apetrechado para atender às demandas sociais, especialmente dos mais carentes, a importância da sociedade acima do mercado. Os mais fanáticos do neoliberalismo chegam a dizer: a sociedade tem que perder e o mercado ganhar, e que a cobiça é boa (*the greed is good*).

Damo-nos conta de que cuidando melhor do planeta, recuperando a vitalidade dos ecossistemas, melhorando nossos alimentos, despoluindo o ar, preservando as águas e as florestas nos sentimos mais saudáveis e, com isso, fazemos a Terra também mais saudável e revitalizada.

A covid-19 veio nos mostrar de uma forma brutal que o equilíbrio Terra e humanidade foi rompido. Tornamo-nos demasiadamente vorazes, arrancando da Terra o que ela já não pode mais nos entregar. Não respeitamos os limites de um planeta pequeno e com bens e serviços limitados. Nossa cultura criou um projeto irracional de crescimento ilimitado, ilusão que perdura na mente da maioria dos empresários e chefes de Estado. Esse propósito vai contra a lei da natureza, pois cada ser vivo tem o seu crescimento adequado. Imaginemos se todos nós assumíssemos a lógica do capitalismo do crescimento ilimitado: seres humanos, animais e plantas cresceriam ilimitadamente para cima e para os lados; seria uma distorção inimaginável.

A covid-19 nos faz recuperar nossa verdadeira humanidade. Ela é feita da justa medida de amor, de solidariedade, de empatia, de colaboração e da dimensão humano-espiritual, que dá o devido valor aos bens materiais, sem absolutizá-los; a preferência é dos bens intangíveis. O que é material nós deixaremos neste mundo, o que é humano-espiritual nós levaremos para além da morte, pois constituem nossa identidade definitiva.

Quanto mais as nossas relações forem amigáveis para com a natureza e mais cooperativas entre nós, mais a Terra se revitalizará; e revitalizada, ela nos tornará mais saudáveis. Curemo-nos juntos e juntos celebremos, saudáveis, o milagre da vida!

Como protelar ou evitar o fim do mundo

Em todas as épocas, desde as ancestrais, como por ocasião da invenção do fogo, surgem imagens do fim do mundo. De repente, o fogo poderia queimar tudo. Mas os seres humanos conseguiram domesticar os riscos e evitar ou protelar o fim do mundo. Atualmente, não é diferente, mas a nossa situação possui uma singularidade: de fato, não imaginariamente, podemos, efetivamente, destruir toda a vida visível, assim como a conhecemos. Construímos o princípio da autodestruição com armas nucleares, químicas e biológicas que, ativadas, podem de fato eliminar a vida visível sobre a Terra, provavelmente salvaguardando os micro-organismos que aos quintilhões de quintilhões se ocultam debaixo do solo.

O que podemos fazer diante deste eventual *armageddon* ecológico? Sabemos que a cada ano, centenas de espécies de seres vivos, chegados ao seu clímax, desaparecem para sempre, depois de terem vivido milhões e milhões de anos neste planeta. O desaparecimento de muitos deles é causado pelos comportamentos vorazes de uma porção da humanidade que vive um superconsumismo e dá de ombros aos eventuais desastres ecológicos.

Será que chegou a nossa vez de sermos eliminados da face da Terra, seja por nossa irresponsabilidade, seja porque ocupamos quase todo o espaço terrestre de forma não amigável, mas agressiva? Não teríamos, desta forma, criado as condições de um não retorno, e daí de nosso desaparecimento?

O planeta inteiro, afirmam amicrobiólogos como Lynn Margulis e Dorian Sagan, seria, da maneira que já assinalamos anteriormente, uma espécie de cápsula de Petri: as bactérias com seus nutrientes, ao perceberem o esgotamento deles, multiplicam-se furiosamente e, de repente, todas morrem. Não seria a Terra uma cápsula de Petri, um destino semelhante a estas bactérias, perguntamos anteriormente,

Com efeito, nós os humanos já ocupamos 83% do planeta, exaurindo quase todos os nutrientes não renováveis, ocasionando a *Sobrecarga da Terra* (*the Earth Overshoot*), a população cresceu, no último século e meio, de forma exponencial. Assim, não estaríamos na lógica das bactérias da cápsula de Petri. Iríamos fatalmente ao encontro de um fim semelhante?

Como somos portadores de inteligência e de meios técnicos, além de valores ligados ao cuidado da vida e de sua preservação, teríamos condições de "protelar o fim do mundo" (na expressão do líder indígena Ailton Krenak) ou de "escapar do fim do mundo", expressão usada por mim. Por isso, é importante repetir mais uma vez a severa advertência feita pelo Papa Francisco em sua Encíclica *Fratelli Tutti* (2021): "estamos todos no mesmo barco: ou nos salvamos todos ou ninguém se salva" (n. 32). Temos que mudar; caso contrário, vamos ao encontro de um desastre ecológico-social sem precedentes.

Aduzo algumas reflexões que nos apontam para uma possível salvaguarda de nosso destino, da vida e de nossa civilização. Parece-nos esperançadora uma afirmação feita por Edgar Morin: "A história várias vezes mostrou que o surgimento do inesperado e o aparecimento do improvável são plausíveis e podem mudar o rumo dos acontecimentos". Cremos que ambos – o inesperado e o plausível – sejam possíveis. A humanidade passou por várias crises de grande magnitude e sempre conseguiu sair delas. Por que agora seria diferente?

Ademais, existe em nós aquilo que foi aproveitado pelo papa na referida encíclica: "convido-os à esperança que nos fala de uma realidade enraizada no profundo do ser humano, independentemente das circunstâncias concretas e dos condicionamentos históricos em que vive" (n. 55). Esse princípio-esperança (Ernst Bloch) é fonte de inovações, novas utopias e práticas salvadoras.

O ser humano é movido pela esperança e comparece como um ser utópico; vale dizer, um projeto infinito. Sempre poderá escolher um caminho de salvação, pois o desejo de vida, mais e melhor, prevalece sobre o desejo de morte.

Geralmente, o novo tem a mesma natureza que a semente: começa pequena (pequenos grupos), mas traz em si a vitalidade do seu futuro. Dela brota lentamente o novo até ganhar sustentabilidade e inaugurar uma nova etapa de experimento.

Por todas as partes no mundo estão atuando os "novos Noés", construindo suas arcas salvadoras; vale dizer, ensaiando uma nova economia ecológica, produção orgânica, formas solidárias de produção e de consumo e um novo tipo de democracia popular: participativa e ecológico-social.

Essas são sementes portadoras de um futuro de esperança. São elas que poderão garantir uma nova forma de habitar a Casa Comum, cuidando dela, de todos os ecossistemas incluídos, vivendo, quem sabe, o sonho andino do *bien vivir y convivir* ou da *biocivilização*, do Papa Francisco.

Quarta parte

Deus, apaixonado amante da vida

Não à solidão do Uno; sim à comunhão dos Três

Dando aulas como professor-visitante na Universidade de Heidelberg, em 2002, onde Martin Heidegger, Max Weber e o próprio Karl Marx estudaram, um estudante muçulmano assistia meu curso sobre a Igreja na base, as assim chamadas Comunidades Eclesiais de Base. Relatei que em um grande encontro na cidade de Trindade/GO havia um lema, escrito em letras garrafais, na entrada do local do encontro: *A Santíssima Trindade é a melhor comunidade.*

Sabemos que os muçulmanos, bem como os judeus, professam um estrito monoteísmo. Aquele estudante muçulmano, ouvindo minha exposição de que Deus é sempre relação e comunhão, perguntou-me: "Se eu disser que o Deus que está *acima* de nós e é a nossa Fonte originária, nós o chamamos de Pai; e o Deus que está *ao nosso lado* e se mostra como nosso irmão, nós o chamamos de Filho; e o Deus que mora *dentro de nós* e se revela como entusiasmo, nós o chamamos de Espírito Santo, o senhor acha que estou falando na Santíssima Trindade cristã"?

Eu fiz uma pequena pausa, coloquei as mãos na barba, refleti um pouco e lhe disse: "No nível existencial, da experiência de um cristão, podemos dizer, metaforicamente, que isso seria a Santíssima Trindade". A seguir comentei: "A teologia não fala assim; usa expressões abstratas, oriundas da filosofia grega, de uma única natureza ou substância, subsistindo em três Pessoas divinas, Pai, Filho e Espírito Santo, coisa que poucos entendem. Mas você tem razão, pois o que diz todos podem entender". Ao que ele respondeu: "Eu, como muçulmano, aceito um Deus assim; Ele não conflita com minha fé muçulmana, que também fala de relação e comunhão e considera todos os humanos como irmãos e irmãs".

Sobre esta doutrina trinitária se fizeram grandes elaborações teóricas e várias heresias condenadas. Tudo foi pensado no quadro da filosofia grega, de pessoa, substância, relação, pericórese (inter-retro-relação entre as divinas Pessoas) e outras. A reflexão ficou tão complexa, que os cristãos praticamente não adoram a Santíssima Trindade, porque não a entendem. Falam de Deus em uma visão monoteísta. Mas assim perdemos a originalidade do pensar e da maneira do falar cristão sobre Deus.

Na verdade, a intuição que está por trás da afirmação sobre a Trindade é esta: *Deus não é a solidão do Uno, mas a Comunhão das Três Pessoas Únicas.* Significa afirmar que a natureza íntima de Deus é amor, comunhão, difusão, inclusão, interpenetração: um dinamismo eterno tão completo, que faz com que Deus seja um Deus trinitário.

Quando os cristãos falam que Deus é Trindade, Pai, Filho e Espírito Santo, não estão somando números $1+1+1=3$. Por que parar no três, pois, podemos ir ao infinito, perguntava Kant. Devemos, entretanto, entender que se houver número, então Deus é um só, e não Trindade: $1+1+1=1$. Mas aqui se afirma que há três Únicos.

O Único não é número, por isso não pode ser somado. Mas ocorre que estes três Únicos, a partir de sua própria natureza, relacionam-se entre si tão absolutamente, entrelaçam-se de forma tão íntima, amam-se de maneira tão radical, que se uni-ficam. Isto é, *ficam um*, um único movimento de amor, de comunhão e de relação. Tal suprema realidade constitui o monoteísmo trinitário, diverso do estrito monoteísmo hebreu e muçulmano.

A teologia criou a expressão *pericórese* em grego, ou em latim *circuminsessio* (um dentro do outro, como em um círculo) para expressar essa reciprocidade e relacionalidade entre os três Únicos. Esta comunhão não é resultado das Pessoas que, uma vez constituídas em si e para si, começam, em seguida, a se relacionar. Isso seria a heresia do triteísmo, quer dizer, haveria três deuses. Não. A comunhão é simultânea, originária e eterna nos três Únicos. Cada um deles, sendo Únicos, desde todo sempre, são Pessoas-amor, Pessoas-comunhão, Pessoas-relação.

Com a Trindade não queremos multiplicar Deus. O que queremos é expressar a experiência singular de que Deus é *Comunhão*, e não *Solidão*; é amor que se difunde em outros e que quer companheiros em seu amor. Para isso criou o universo e o ser humano, homem e mulher, à sua imagem e semelhança trinitária.

De modo pertinente, escreveu o Papa Francisco em sua encíclica de ecologia integral *Laudato Si' – Sobre o cuidado da Casa Comum*: "O mundo foi criado pelas três Pessoas divinas [...], e este mundo criado segundo o modelo divino, é uma trama de relações" (n. 238).

Desta forma, ultrapassamos uma visão monoteísta e substancialista da divindade. A Trindade nos coloca no centro de uma visão dinâmica, sempre em movimento de relações, de reciprocidades e inter-retro-comunhões, bem no estilo do que se pensa na moderna cosmogênese e na física quântica: tudo é relação, tudo está relacionado com tudo, e nada existe fora da relação.

Deus-Trindade é a Matriz Relacional que subjaz e sustenta todas as relações, também as nossas, na forma de simpatia, amizade e amor. A comunhão não é posterior às Pessoas, mas é simultânea e originária com elas; são relacionadas entre si desde toda a eternidade.

Santo Agostinho, o grande pensador desta visão de Deus-comunhão, escreveu em seu *De Trinitate*: "Cada uma das Pessoas divinas está em cada uma das outras, todas em cada uma, cada uma em todas, todas estão em todas e todas são somente Um" (livro VI, 10, 20).

Então, em uma linguagem direta, sempre analógica e metafórica, fundada mais na *vivência de fé* do que nas doutrinas, podemos acolher o pensamento de meu ouvinte muçulmano: o Deus que está *acima* de nós, fonte de onde tudo emana, é o Pai. O Deus que está *ao nosso lado*, caminha conosco e foi amigo dos pobres, é nosso irmão de sangue, chamamos de Filho. E o Deus que mora *dentro de nós*, que nos sustenta no desamparo e nos dá sempre esperança e entusiasmo, é o Espírito Santo. Eles são um só-Deus-comunhão-relação-amor.

Um Deus assim pode ser aceito porque, de certa forma, é compreensível, ficando sempre mistério em cada compreensão, mas que podemos nos sentir nele envolvidos em suas relações de amor e de comunhão.

Se Deus existe como as coisas existem, então Deus não existe

"Deus não existe", estimava o físico e astrônomo Stephen Hawking, que morreu em março de 2018. Retrucarei com um filósofo e teólogo medieval, dos mais perspicazes, a ponto de ser chamado de "doutor sutil", o franciscano escocês Duns Scotus (1266-1308): "Se Deus existe como as coisas existem, então Deus não existe".

Ambos, Hawking e Scotus, têm razão. O famoso físico e identificador dos "buracos negros" se move dentro da bolha da física, daquilo que pode ser medido, calculado e feito objeto de experimentação empírica. Buscar Deus dentro desse paradigma significa não poder o encontrar, porque Ele não é uma coisa, com as características das coisas, por minúsculas que sejam (um top quark ou o bóson de Higgs), ou por maiores que se apresentem, como o conglomerado de galáxias de tamanho incalculável. O máximo que a razão sensata, presente em alguns cientistas, poderia dizer é: Este é um "Ser que faz ser todas as coisas", não sendo uma coisa, pois do nada não sai nada.

Então, a partir da física, vale a afirmação de que "Deus, de fato, não existe". Só que a física não é a única janela de acesso ao real. Há outras realidades que, por não serem físicas, não deixam de ser realidades. Assim, uma minhoca jamais entenderá uma música de Villa Lobos, nem o Coronavírus saberá apreciar um quadro de Tarsila. São realidades de natureza diferente.

Duns Scotus também tem razão porque, ao nos referirmos a Deus, sustenta ele, estamos pensando em uma Última Realidade que transcende todos os limites da física, do espaço, do tempo ou de qualquer outra forma de conhecimento. É o Inominável e o Inefável, Aquele que não cabe em nenhuma linguagem nem em nenhum dicionário.

Deus não é um fato da realidade palpável que pode ser captada e dita. Por sua natureza, Ele está além dos fatos. Ele é Aquele face ao qual devemos, reverentemente, calar, expressando o *nobre silêncio*. Essa é a verdadeira posição do pensamento radical que se expressa pela filosofia e pela teologia, tão bem elaborado nos escritos de Duns Scotus, que enfatizam: Ele é o Mistério que transcende qualquer realidade dada, mensurável ou captável pelo ser humano.

Quem viu claramente isso foi o filósofo vienense Ludwig Wittgenstein (1889-1951) em seu famoso *Tractatus logico--philosophicus* (1921), ao dizer: "A ciência estuda *como* o mundo é; o místico se admira que o *mundo é*. Seguramente existe o Inefável. Isso se mostra, é o místico [...]. Sobre aquilo que não podemos falar, devemos calar" (aforismo 6, 522).

Aqui ressoa a famosa frase de Gottfried Leibniz (1646-1716): "Por que existe o ser, e não o nada"? A essa questão não cabe resposta: é o Mistério do ser, face ao nada. Face ao Mistério do ser, deve-se antes se maravilhar e extasiar e no fundo, mais calar do que falar, porque tudo o que dissermos fica aquém do Mistério, que é Inefável e Inexprimível. Ele que nos possibilita admirar, falar e calar. Sem Ele não existiríamos nem colocaríamos as questões que estamos ventilando.

Mas não estando no horizonte das coisas, Deus, no entanto, está no horizonte do sentido. Por isso, assevera Wittgenstein: "Crer num Deus significa compreender a questão do sentido da vida. Crer num Deus significa perceber que ainda nem tudo está decidido com os *fatos* do mundo. Crer em Deus significa perceber que a vida tem um sentido" (aforismo 6, 522). Bem ponderava Jean-Paul Sartre em sua última entrevista: "Continuo ateu, mas tenho a esperança esperante de que Deus exista; caso contrário, a vida não teria sentido algum!"

Mas voltemos à abordagem de Hawking: todos os grandes cientistas, a começar por Newton, que introduziu o matematismo na natureza, passando por Einstein e outros, chegando ao genial inglês, buscavam uma fórmula que desse conta de toda a realidade. O intento era uma "Teoria de Tudo" (TOE em inglês: *Theory of Everything*), ou também chamada de "Teoria da Grande Unificação" (TGU).

Há dois livros clássicos que resumem os caminhos e des-caminhos desta magna questão: *Teorias de Tudo – A busca da explicação final* (Barrow, J.D. Rio de Janeiro: Zahar, 1994) e *A unificação das forças fundamentais: o grande desafio da física contemporânea* (Salam, A.; Heisenberg, W.; Dirac, P. Rio de Janeiro: Zahar, 1994). Todos acabaram reconhecendo o fracasso desse intento. Na expressão de John Barrow: "Toda a vida cotidiana, o que move os seres humanos em sua busca de felicidade e em sua tragédia não cabe da concepção física do "Tudo".

O último a reassumir esta questão foi exatamente Stephen Hawking em seu famoso livro *Uma breve história do tempo* (Rio de Janeiro: Ediouro 2005). Ele tentou fazê-lo de todas as formas. Ao final, reconheceu a impossibilidade: "Se realmente descobrirmos uma teoria completa, seus princípios gerais deverão ser, no devido tempo, compreensíveis por todos, e não apenas por uns poucos cientistas. Então, todos nós, filósofos, cientistas e simples pessoas comuns, seremos capazes de participar da discussão do porquê que nós e o Universo existimos. Se encontrássemos uma resposta para essa pergunta seria o triunfo último da razão humana, porque então conheceríamos a *mente de Deus*" (p. 145). Refere-se a Deus e à sua mente abscôndita.

Esse Deus-Mistério se encontra na raiz de todas as existências, sustentando-as e fazendo-as continuamente subsistir, mas sempre se subtraindo à vista humana. Por isso, as Escrituras judeu-cristãs afirmam: "Deus mora numa luz inacessível que nenhum ser humano viu nem pode ver" (1Tm 6,16; Sl 104,2; Ex 33,20; Jo 1,18; 1Jo 4,12).

Então cabe, realmente, concluir: se Deus existe como as coisas existem, então Ele não existe". Para além das coisas, Ele existe com uma natureza diversa delas – como Aquele que tirou tudo do nada – para se espelharem nele e como companheiras em seu amor, pois Ele não é a solidão do Uno, mas a Comunhão de divinas Pessoas. Ele continuamente subjaz a tudo o que existe e poderá existir, e os mantém na existência.

Como Deus surge dentro da nova visão do universo

Esta questão de Deus dentro da moderna visão do mundo (cosmogênese) surge quando nos interrogamos: o que havia antes do antes e antes do *big-bang*, do qual tudo se originou no universo? Quem deu o impulso inicial para a aparição daquele pontozinho, menor do que a cabeça de um alfinete, que depois explodiu? Quem sustenta o universo como um todo para continuar a existir e a se expandir, bem como cada um dos seres nele existentes, o ser humano incluído?

O nada? Mas do nada nunca vem nada. Se apesar disso apareceram seres, é sinal de que Alguém ou Algo os chamou à existência e os sustenta permanentemente.

O que podemos sensatamente dizer, sem logo formular uma resposta teológica, é: antes do *big-bang* existia o Incognoscível e vigorava o Mistério. Sobre o Mistério e o Incognoscível, por definição, não se pode dizer literalmente nada. Por sua natureza, o Mistério e o Incognoscível são antes das palavras, antes da energia, da matéria, do espaço, do tempo e do pensamento.

Ora, ocorre que o Mistério e o Incognoscível são precisamente os nomes pelos quais as religiões, também o judeu-cristianismo, significam Deus. Ele é sempre Mistério e Incognoscível. Diante dele mais vale o silêncio do que a palavra. Apesar disso, Ele pode ser intuído pela razão reverente e sentido pelo coração inflamado. Seguindo Pascal, diria: crer em Deus não é pensar Deus, mas senti-lo a partir da totalidade de nosso ser. Ele emerge como uma *Presença* que enche o universo, mostra-se como entusiasmo dentro de nós (em grego: ter um Deus dentro) e faz surgir em nós o sentimento de grandeza, de majestade, de respeito e de veneração. Essa percepção é típica dos seres humanos. Ela é inegável, pouco importa se alguém é religioso ou não.

Colocados entre o céu e a terra, vendo as miríades de estrelas, retemos a respiração e nos enchemos de reverência. Naturalmente nos surgem as perguntas: Quem fez tudo isto? Quem se esconde por trás da Via Láctea e comanda a expansão do universo ainda em curso? Em nossos escritórios refrigerados ou entre quatro paredes brancas de uma sala de aula ou em uma roda de conversa solta, podemos dizer qualquer coisa e duvidar de tudo, mas inseridos na complexidade da natureza e imbuídos de sua beleza, só podemos calar. É impossível desprezar o irromper da aurora, permanecer indiferentes diante do desabrochar de uma flor ou não ficar pasmos ao contemplar uma criança recém-nascida. Somos convencidos de que, sempre que nasce uma criança, Deus ainda acredita na humanidade. Quase que espontaneamente, dizemos: Foi Deus quem colocou tudo em marcha e é Ele quem tudo sustenta. Ele é a Fonte originária e o Abismo alimentador de tudo, como dizem alguns cosmólogos. Eu diria: Ele é aquele Ser que faz ser todos os seres.

Outra questão importante vem simultaneamente suscitada: Por que existe exatamente este universo e não outro, e nós somos colocados nele? O que Deus quis expressar com a criação? Responder a isto não é preocupação apenas da consciência religiosa, mas da própria ciência.

Serve a ilustração de Stephen Hawking, um dos maiores físicos e matemáticos, que foi citado anteriormente, em seu *Breve história do tempo*: "Se encontrarmos a resposta de por que nós e o universo existimos, teremos o triunfo definitivo da razão humana; porque, então, teremos atingido o conhecimento da mente de Deus" (p. 238). Ocorre que até hoje os cientistas e sábios ainda estão se interrogando e buscando o desígnio escondido de Deus.

As religiões ousaram uma resposta, chamando-o, com reverência, por milhares de nomes; porém, todos insuficientes: Javé, Alá, Tao, Olorum, principalmente Deus etc.

O universo e toda a criação constituem como que um espelho no qual Deus mesmo se vê a si mesmo. São expansão de seu amor, pois Ele quis companheiros e companheiras junto de si. Ele não é solidão, mas comunhão dos divinos Três – Pai, Filho, Espírito Santo –, e quer incluir nesta comunhão toda natureza e o homem e a mulher, criados à sua imagem e semelhança.

Dizendo isso, descansa o nosso cansado perguntar; mas diante do Mistério de Deus e de todas as coisas, continua o nosso perguntar, sempre aberto a novas respostas.

Como matar a saudade infinita de Deus

"Saudade" é intraduzível em outros idiomas. Por isso, não é coisa que se define, mas que se vive e se sofre. Descrevendo-a: é uma melancolia terna em um misto de dor suave por um bem que foi vivido e que não volta mais, mas que docemente retorna à memória: é o primeiro beijo da pessoa amada, é um olhar profundo de uma mulher que, em uma plataforma de trem, encontrou em um homem também um olhar penetrante, revelando um amor imediato; o trem partiu e ela nunca mais foi encontrada; mas aquele olhar mútuo que foi ao fundo da alma nunca mais pôde ser esquecido. Saudade é a experiência de, em uma máxima concentração, ser tomado totalmente pelo Ser de Deus e ser alçado sem sentir o próprio corpo. Essa saudade é dolorosa quando não se consegue mais renová-la. Só deixou uma saudade infinita de suprema bem-aventurança. A saudade não deixa o passado ficar passado. Embora ausente, faz dele presente; apenas invisível.

Em nosso peregrinar pela vida, tudo o que de belo, realizador, impactante e profundo nos tocou deixa um rastro de saudade. Certa criança que havia contraído câncer belamente disse: Saudade é o amor que fica quando tudo já passou.

A sociedade moderna tardia e letrada saturou os endinheirados de bens materiais, encheu-os de promessas vãs de felicidade. Como pode alguém ser feliz em um mar de pessoas pobres, famintas e miseráveis, as grandes maiorias da humanidade? Para suprir essa contradição se forjou um falso evangelho da prosperidade das igrejas neopentecostais, para as quais muitos desses pobres dão tempo, entusiasmo e o suado dinheiro aos pastores que, em sua maioria, são verdadeiros lobos em pele de ovelhas.

O mercado conscientemente mantém esses ricos epulões ocupados com mil ofertas de consumo, de viagens, de novas experiências, dificultando que eles entrem em contato consigo próprios. Vive-se *ut sit Deus non daretur* (como se Deus não existisse) ou tivesse sido borrado do horizonte da existência.

Mas nem tudo é manipulável no ser humano; nele há mistérios, cantos impenetráveis que guardam memórias ancestrais e arquetípicas. Daí pode surgir uma saudade toda particular por algo que vai além dos bens materiais. Estes podem matar a fome, mas não matam a outra fome, por bens não materiais como o amor incondicional, a compaixão por quem sofre, a beleza e a música, por algo que confira um sentido pleno à vida. Em outras palavras, temos a ver com *a saudade de Deus*. Ela dá coesão à sociedade e oferece um chão à existência humana.

Por razões muito complexas que não cabem ser analisadas aqui, a partir dos séculos XVII e XVIII irrompeu o homem novo da Modernidade. Ele dispensou Deus, apresentando-se como um *deus minor in terra*, como "um deus menor na Terra". Sua experiência fundadora se definiu pela vontade de potência, pelo poder exercido como dominação sobre os outros: mulher, povos, natureza, vida... e até sobre o espaço extraterrestre.

Assumiu tantas tarefas na nova conformação do mundo que, de repente, deu-se conta de não poder mais realizá-las. O pequeno deus criou "o complexo Deus". Já não tem mais forças, sente-se frágil, impotente, temeroso de si mesmo, pois criou uma máquina de morte que pode dar cabo de si mesmo de muitas formas diferentes. Fez guerras que só no século XX mataram 200 milhões de pessoas. Devastou a natureza que agora se volta contra ele com vírus, com a mudança do regime climático (mais quente), com tufões, terremotos, *tsunamis*, aumento dos oceanos, escassez de bens e serviços, sem os quais a vida não se sustenta.

Aí surge o que estava escondido naquele canto recôndito de sua interioridade: a "saudade de Deus". O nome "Deus" não importa, mas o que Ele representa: aquela Energia poderosa e amorosa que tudo sustenta e que, por isso, deve ser viva e inteligente, aquele Valor Inquestionável, vivo e irradiante que orienta os comportamentos humanos e controla as forças do Negativo.

O mantra da cultura ilustrada é enganoso: "Anunciamos a morte de Deus porque nós o matamos". E o matamos para ocupar o seu lugar e sermos nós o super-homem que se fez "o pequeno deus" que vive para além do bem e do mal; ele tudo decide. Por mais de dois séculos tentou esse propósito e fracassou. Sucumbiu ao próprio peso das tarefas que se impôs. Agora anda errante, solitário, buscando em quem se agarrar. Vive a ilusão, já referida por um místico: "O inimigo do Sol subiu num terraço, fechou os olhos e gritou para todos: já não há mais Sol; ele morreu porque eu o matei". Ignorante, não vê mais o Sol unicamente porque fechou os olhos. O Sol estará sempre iluminando, pois esta é a sua natureza. Talvez houve um eclipse, mas isso exacerba ainda mais a saudade de Deus, de que Ele finalmente irrompa da nuvem da arrogância humana e venha humildemente ser acolhido por nós.

Essa saudade de Deus não existe para a imensa maioria dos povos que não passaram pela circuncisão moderna. Jamais lhes passou pela cabeça a absurda arrogância de matar Deus. Muito menos pretenderam ser "o pequeno deus" dominador de tudo e de todos, pois sabem, em sua labuta pela vida, que não controlam o Sol, a chuva, os ventos, o crescer das plantas etc. "Matam a saudade de Deus" sentindo-o nos seus trabalhos cotidianos, no convívio amoroso com a família, na luta pesada para garantir dia após dia os meios de subsistência. Eles nem precisam crer em Deus, pois o sentem e o vivem na pele, no espírito, no sofrimento e na discreta alegria de viver.

Eles são os guardiães da sagrada memória do Deus de mil nomes: Tao, Shiva, Olorum, Tupã, Javé, Alá... Eles são os profetas e os mestres para os filhos e as filhas da Modernidade tardia, os assim chamados pós-modernos (que para mim representam a decadência do moderno), capazes de lhes molhar as raízes para que reverdesçam e superem a triste solidão que os devora. Basta que encontrem e escutem esses mestres anônimos. Então, eles também "matarão a saudade de Deus". Como temos saudades de um Deus humano, solidário para com o nosso destino e verdadeiro!

Deus e o sofrimento humano, questão nunca resolvida

As catástrofes ecológicas de 2021/2022, com chuvas diluvianas, imensos deslizamentos de encostas, inundações de grandes áreas, destruição de centenas de casas, caminhos e ruas, com grande número de vítimas entre mortos e desaparecidos, coloca questões políticas, ecológicas, a responsabilidade dos poderes públicos e o efeito do acelerado aquecimento global.

Nesse emaranhado de causas citamos: a irresponsabilidade dos poderes públicos por não cuidarem devidamente das populações pobres, empurradas para as escarpas das cidades ou junto aos rios; serras com densas matas sustentadas por rochas, com o solo encharcados pelas chuvas; a própria população que, não tendo para onde ir, instala-se em lugares perigosos; o desequilíbrio ecológico-climático, com mudança no regime das chuvas. Estas constatações mereceriam ser aprofundadas, apontando responsabilidades.

Mas junto a isso emerge uma questão existencial e teológica incontornável. Muitos se perguntam: Onde estava Deus nesses momentos dramáticos, causadores de tantas vítimas, muitas delas inocentes? Por que Ele não interveio se, por ser Deus, poderia fazê-lo? A mesma pergunta continua a reboar: Onde estava Deus quando os colonizadores cristãos cometeram bárbaros genocídios de povos originários, ao ocuparem suas terras nas Américas? Por que Deus se calou diante da Shoá, o extermínio de 6 milhões de judeus enviados às câmaras de gás pelos nazistas ou os mortos nos gulags soviéticos?

Essas lancinantes questões não surgiram nos últimos tempos. Vêm desde o filósofo grego Epicuro (341-327 a.C.) que foi o primeiro a formulá-la, conhecida como "o dilema de Epicuro", uma irrevogável relação de Deus com o mal. Epicuro, assim, argumentava: "Ou Deus quer eliminar o mal e não pode; portanto, não é onipotente e deixa de ser Deus. Ou Deus pode suprimir o mal e não quer; por isso não é bom e deixa de ser Deus".

No ambiente cristão, isso teve uma formulação semelhante: Ou Deus poderia ter evitado o pecado de Adão e Eva (base de nossa maldade) e não quis; então não é bom para nós, humanos. Ou Deus não pôde, não sendo, portanto, onipotente; por isso, Ele não é poderoso. Em ambos os casos, Ele deixa de comparecer como o Deus verdadeiro. Esse dilema permanece aberto até hoje, sem ser respondido adequadamente.

As ecofeministas, com razão, sustentam que essa visão de um Deus onipotente e senhor absoluto é uma representação da cultura patriarcal, que se estrutura em torno de categorias de poder. A leitura ecofeminista se orienta por outra representação; a de um Deus Mãe, ligado à vida, solidário com o sofrimento humano e profundamente misericordioso, estando sempre junto do sofredor.

Independentemente da discussão de gênero, é preciso afirmar que o Deus bíblico não se mostra indiferente ao sofrimento humano. Face à opressão no Egito de todo o povo hebreu, Deus escutou o grito dos oprimidos, deixou sua transcendência, entrou na história humana para libertá-los (Ex 3,7). Os profetas que inauguraram uma religião baseada na ética, ao invés de calcada em cultos e sacrifícios, testemunham a Palavra de Deus: "estou cansado e não suporto vossas festas [...] procurai o direito, corrigi o opressor, julgai a causa do órfão e defendei a viúva" (Is 1,14.17). Quero misericórdia, e não sacrifícios!

Baseando-se nesta visão bíblica, há teólogos como Bonhöfer e Moltmann que falam de "um Deus impotente e débil no mundo", de um "Deus crucificado", e que somente este Deus que assume o sofrimento humano pode nos ajudar. O exemplo maior teria sido dado por Jesus, Filho de Deus encarnado, que se deixou crucificar e que, no limite do desespero gritou: "Meu Deus, meu Deus, por que me abandonastes?" (Mc 15,34).

Essa visão nos mostra que Deus nunca nos abandona e que participa da paixão humana. O fiel pode superar o sentimento de abandono e de desamparo, mas se sentir acompanhado. Pois, o terrível do sofrimento não é apenas *o* sofrimento, mas a solidão *no* sofrimento, quando não há ninguém que diga ao sofredor uma palavra de consolo e lhe dê um abraço de solidariedade. Quando aparece esse alguém, o sofrimento não desaparece, mas se torna mais suportável.

Entretanto, a questão fica em aberto: Por que Deus também tem de sofrer, mesmo estabelecendo um laço profundamente humano com o sofredor, aliviando sua dor? Mas por que o sofrimento no mundo e até em Deus?

Não cala nosso questionamento a constatação de que o sofrimento pertence à vida e que o caos é da estrutura do próprio universo (uma galáxia engolindo outra, com uma inimaginável destruição de corpos celestes).

O que sensatamente podemos dizer é que o sofrimento pertence à ordem do mistério do ser. Não há uma resposta ao porquê de sua existência. Se houvesse, ele desapareceria. Porém, o sofrimento continua como uma chaga aberta em qualquer direção, para onde dirigirmos o olhar.

Talvez emerja um sentido na luta pela superação do sofrimento: sofrer para que outros não sofram ou sofram menos. Esse sofrimento é digno e nos humaniza, mas não deixa de ser sofrimento. Por isso, solidarizamo-nos e sofremos junto com os familiares que perderam entes queridos e rezamos pelas vítimas.

É um ato da razão reconhecer que ela não é tudo e que há algo que a ultrapassa. Ela se inclina diante de Algo maior, diante do mistério, e se obriga a admitir que o sofrimento está aí, produz tragédias e mortes de inocentes. Não há resposta para o sofrimento; ela fica reservada a Deus, Aquele Ser que faz ser todos os seres. A Ele cabe a revelação definitiva do sentido do sem-sentido.

É possível viver a Páscoa em meio de tantas crises?

Muitas crises estão assolando a humanidade: a crise econômica derrubando grandes bancos nos países centrais; a crise política com a ascensão mundial de governos de direita e de extrema-direita; a crise das democracias em quase todos os países; a crise do Estado cada vez mais burocratizado; a crise do capitalismo globalizado, que não consegue resolver os problemas que ele mesmo criou, gerando uma acumulação de riqueza em pouquíssimas mãos, em um mar de pobreza e de miséria; a crise ética, pois não contam mais os valores da grande tradição da humanidade, da verdade, do amor, da solidariedade e da veneração, mas o vale-tudo pós-moderno (*everythink goes*); a crise do humanismo, pois imperam relações de ódio e de barbárie nas relações sociais; a crise sanitária, que em decorrência da covid-19 levou à morte alguns milhões, atingindo apenas a humanidade; a crise de civilização, que começou a introduzir a inteligência artificial autônoma, articulando bilhões de algoritmos, tomando decisões, independentemente da vontade humana, pondo em risco a democracia e mesmo o nosso futuro comum; a crise ecológica que, se não cuidarmos da biosfera, poderá causar uma tragédia terminal do sistema-vida e do sistema-Terra.

Por trás de todas estas crises, há uma crise ainda maior: *a crise do espírito*, de onde se deriva espiritualidade, que representa uma crise do sentido da vida humana neste planeta. O espírito é aquele momento da vida consciente no qual nos damos conta de que pertencemos a um todo maior, terrenal e cósmico, de que estamos à mercê de uma Energia poderosa e amorosa que sustenta todas as coisas e a nós mesmos. Temos a faculdade específica de poder dialogar com ela nos abrirmos para ela, identificando um sentido maior que tudo perpassa e que atende ao nosso impulso de infinitude. A isso chamamos cultivar uma espiritualidade.

A vida do espírito e a espiritualidade (que os neurólogos chamam de "ponto Deus" no cérebro) estão soterradas nas cinzas, devido à vontade irrefreável de acumulação de bens materiais, ao consumismo, ao egoísmo e à falta de solidariedade.

Depois de agosto de 1945, com os Estados Unidos lançando duas bombas nucleares sobre Hiroshima e Nagasaki, passamos a ter consciência de que podemos nos autoaniquilar. Esse risco aumentou com a corrida armamentista, incluindo nove nações, com armas químicas, biológicas e cerca de 16 mil ogivas nucleares. A guerra entre a Rússia e a Ucrânia (por trás da qual estão os Estados Unidos e a Otan, disputando a hegemonia mundial) fez com que Vladimir Putin ameaçasse utilizar armas nucleares, trazendo o temor apocalíptico do fim da espécie humana.

Nesse cenário, como celebrar com alegria a maior festa do cristianismo, que é a Páscoa: a ressurreição do crucificado, Jesus de Nazaré? Entendamos corretamente o que seja a ressurreição: ela não é a reanimação de um cadáver como o de Lázaro. Ressurreição, nas palavras de São Paulo, representa a irrupção do *novissimus Adam* (1Cor 15,45); vale dizer, do ser humano novo, cujas infinitas virtualidades presentes nele (somos um projeto infinito) se concretizam totalmente. Dessa forma, comparece como uma revolução na evolução, a plenificação do processo de hominização, uma antecipação do fim bom da vida humana. O Ressuscitado ganhou uma dimensão cósmica, nunca mais deixou o mundo e enche todo o universo. Por isso, anunciamos o Cristo cósmico que enche todos os espaços e está presente dentro de nossa história.

Nesse sentido, a ressurreição não é a memória de um passado, mas a celebração de um presente a nos suscitar alegria, e aquilo que os antigos mal conheciam é a certeza de que a morte provocada de Jesus de Nazaré, na Sexta-feira Santa, é somente uma passagem para uma vida plena, livre da morte e totalmente realizada: a ressurreição. O horizonte sombrio se desanuviou e irrompeu o sol da esperança.

Pensando em termos do processo cosmogênico, que tudo engloba, a ressurreição não está fora dele. Ao contrário, é uma emergência nova da cosmogênese, e daí seu valor universal, para além do salto da fé. A ressurreição é a síntese da dialética, de onde o filósofo Hegel tirou sua *dialética*, da vida (tese), da morte (antítese) e da ressurreição (síntese). Esta é o termo de tudo, agora antecipado para nossa alegria. É o gênesis verdadeiro; não do começo, mas do fim já alcançado.

Considero a versão do Evangelho de São Marcos sobre a ressurreição a mais realista e verdadeira, porque sugere a ressurreição não apenas como um *evento divino*, mas como um *processo ainda em curso*. Ele termina o texto com Jesus ressuscitado, dizendo às mulheres: "ide dizer aos apóstolos e a Pedro que Ele [o Ressuscitado] vos precede na Galileia. Lá o vereis, com vos disse" (Mc 16,7). E assim termina.

As aparições relatadas, é convicção dos estudiosos, seria um acréscimo posterior. Quer dizer: todos estamos a caminho da Galileia para encontrar o Ressuscitado. Ele pessoalmente ressuscitou, mas sua ressurreição não se completou enquanto seus irmãos e irmãs e a inteira natureza não ressuscitarem.

Estamos a caminho, esperados por Jesus já ressuscitado, mas que ainda não se mostrou totalmente. Por essa razão, o mundo fenomenologicamente continua o mesmo ou pior, com guerras e momentos de paz, com bondades e perversidades, como se não tivesse havido a ressureição como sinal de superação dessa realidade ambígua e, por vezes, brutal.

Mesmo assim, depois que Cristo ressuscitou não podemos mais ficar tristes: o fim bom está garantido. Algo nosso, de nossa carne, de nosso espírito, mesmo que nos autodestruamos por nossa irresponsabilidade, já alcançou o ponto mais alto e terminal: a santa humanidade de nosso irmão Jesus de Nazaré no seio da Trindade.

Por isso, cabe sempre desejar boa festa de Páscoa para todos os que puderem realizar este percurso e também para aqueles que, por tantas razões, não o podem. Aleluia.

A conveniência do sacerdócio para as mulheres

A dimensão do feminino não é exclusiva das mulheres, pois tanto homens quanto mulheres são portadores, cada um em sua modalidade, do masculino e do feminino; são dois constituintes da identidade humana. Na *Suma teológica*, Tomás de Aquino, já na primeira questão, ao abordar o objeto da teologia, deixa claro que ela pode abordar qualquer tema, desde que o faça à luz de Deus. Caso contrário, perderia sua pertinência. Portanto, cabe perguntar pelo acerto de certa política econômica, do significado da tecnologia, das relações homoafetivas e quaisquer outros temas, sempre que se faça à luz de Deus. Da mesma forma nos perguntamos, à luz da palavra da revelação, acerca do sacerdócio das mulheres, realidade que lhe foi negada na Igreja romano-católica, e veremos as razões teológicas que garantem sua conveniência.

O assim chamado "depósito da fé" é um conceito tardio da teologia; vale dizer, a positividade cristã não é uma cisterna de águas mortas, mas de águas vivas. Ela se reaviva confrontando-se com as mudanças irrefreáveis da história, como é o caso suscitado pelo Sínodo da Amazônia, a conveniência do sacerdócio das mulheres.

Assim, no mundo, todo verifica-se cada vez mais a reafirmação da paridade da mulher, em dignidade e direitos, com o homem. Compreensivelmente não é fácil desmontar séculos de patriarcalismo, que implica diminuir e marginalizar a mulher. Mas lenta e consequentemente as discriminações vão sendo superadas e, em certos casos, até punidas. Na prática, todos os espaços públicos e as mais diversas funções estão abertas às mulheres. Isso também vale para o sacerdócio de mulheres dentro da Igreja romano-católica? Nas Igrejas evangélicas, na anglicana e também no rabinato, as mulheres foram admitidas na função antes reservada só aos homens.

A Igreja romano-católica, nos estratos da mais alta oficialidade, até recente data, recusava-se sequer a colocar a questão. Ela ficou refém da secular cultura patriarcal. Mas isso não pode ser transformado em um bastião de conservadorismo e antifeminismo em um mundo que avança rumo à riqueza da relacionalidade homem e mulher. O Papa Francisco tem o mérito de colocar as questões pertinentes do mundo de hoje, como a questão da moral matrimonial e o tratamento para com os homoafetivos e outras minorias.

Como afirmava uma feminista ainda no século passado R. van Eyden: "O bem do homem e da mulher são interdependentes. Ambos ficarão lesados se, em uma comunidade, um deles não puder contribuir com toda a medida de suas possibilidades. A Igreja mesma ficaria ferida em seu corpo orgânico se não desse lugar à mulher dentro de suas instituições eclesiais" (Van Eyden, 1967, p. 360).

A minuciosa pesquisa de teólogos e teólogas, do mais alto gabarito, tem demonstrado que não há qualquer barreira doutrinária e dogmática que impeça o acesso das mulheres ao sacerdócio.

Em primeiro lugar, importa recordar que há um só sacerdócio na Igreja, aquele de Cristo. Os que vêm sob o nome de *sacerdote* são apenas figurações e representantes do único sacerdócio de Cristo. Sua função não pode ser reduzida, como sustenta a argumentação oficial, ao poder de consagrar. Toda a vida de Cristo é sacerdotal; vale dizer, apresentou-se como um ser-para-outros, defendeu os mais vulneráveis, também mulheres; pregou fraternidade, reconciliação, amor incondicional e perdão. Não foi somente na Última Ceia que Ele se mostrou sacerdote, mas em toda a sua vida.

A função do sacerdote ministerial não é acumular todos os serviços, mas coordená-los, para que todos sirvam à comunidade. Pelo fato de presidir a comunidade, preside também a Eucaristia. Esse serviço (que São Paulo chama de *carisma*) pode muito bem ser exercido por mulheres, como se mostra nas igrejas não romano-católicas. E haveria razões das mais convenientes que fundamentam tal ministério.

Em primeiro lugar, a Primeira Pessoa divina a vir ao mundo foi o Espírito Santo, que assumiu Maria (cf. Lc 1,35) para gerar em seu seio a Segunda Pessoa, o Filho, Jesus Cristo.

Seguiam Jesus não apenas apóstolos e discípulos, mas também muitas mulheres. Elas nunca traíram Jesus, o que não se pode dizer dos apóstolos, especialmente do mais importante deles, Pedro (cf. Mt 26,56; Mc 14,50). Após a prisão e a crucificação, todos fugiram. Elas ficaram ao pé da cruz (cf. Lc 23,49; Mc 15,40-41; Mt 27,55-56).

Foram elas quem, por primeiro, foram ao sepulcro para ungir o corpo do Crucificado. O maior evento da fé cristã, a ressurreição de Jesus, foi testemunhado primeiramente por uma mulher, Maria Madalena, a ponto de São Bernardo dizer que ela foi "apóstolo para os apóstolos".

Se uma mulher, Maria, pôde dar à luz a Jesus, seu filho, como não pode representá-lo sacramentalmente na comunidade? Aqui há uma contradição flagrante, só compreensível no quadro de uma Igreja patriarcal, masculinista e composta de celibatários na direção e na animação da fé.

Logicamente, o sacerdócio feminino não pode ser a reprodução daquele masculino; seria uma aberração se assim fosse. Deve ser um sacerdócio singular, com o modo de ser da mulher com tudo o que denota sua feminilidade no plano ontológico, psicológico, sociológico e biológico. Não seria a substituta do padre, mas seria sacerdotisa a seu próprio modo.

Tempos virão em que a Igreja romano-católica acertará seu passo com o movimento feminista mundial e com o próprio mundo, rumo a uma integração do *animus* e da *anima* para o enriquecimento humano e da própria Igreja. Somos, pois, a favor do sacerdócio conferido às mulheres dentro da Igreja romano-católica, escolhidas e preparadas a partir das comunidades de fé e de seus estudos teológicos.

O coordenador e a coordenadora leigos podem celebrar a Ceia do Senhor?

No dia 18/06/2019, pensando no Sínodo Pan-amazônico que ocorreria naquele ano, o Papa Francisco expressou a vontade de ordenar casados ao sacerdócio, especialmente indígenas, para os lugares distantes na Amazônia. Seria um sacerdote do jeito indígena, seguramente diverso do tradicional.

Ocorre que nos lugares sem a assistência de sacerdotes, coordenadores de Comunidades Eclesiais de Base já estavam presidindo celebrações da Ceia do Senhor. Evita-se intencionalmente falar em *missa*, porque este termo possui uma dimensão jurídico-canônica. Prefere-se *celebração da Ceia no Senhor*, tomando os textos de São Paulo em 1Cor 11,23-24. Não são ordenados, mas ninguém dirá que Cristo não está aí presente na Palavra, na comunidade e em sua celebração, com o uso de elementos materiais dignos e próprios daquela região.

A questão não é apenas intraeclesial católica, também é ecumênica. As Igrejas que saíram da Reforma celebram em suas comunidades a Ceia do Senhor por pastores aprovados pelo conselho e pela comunidade, e oficialmente introduzidos no serviço sagrado; o que não significa dizer que são ordenados pelo Sacramento da Ordem. Qual é o valor dessas celebrações? Realmente Cristo estará presente sob as espécies do pão e do vinho?

Tentaremos responder, em ambos os casos, positivamente, fundados em uma vasta documentação histórico-teológica disponível no livro *Eclesiogênese – As comunidades reinventam a Igreja* (cf. Boff, 2008, p. 165-188). A afirmação básica, definida pelo Concílio Vaticano II é: "A celebração do Sacrifício Eucarístico é o centro e o cume de toda a vida da comunidade cristã" (*Christus Dominus*, n. 30). Os fiéis desejam a Eucaristia. Ela pode ser negada a eles pelo fato de não haver um ministro ordenado em seu meio? Os coordenadores das comunidades fazem tudo o que um ordenado faz, por que eles não podem também consagrar? O normal seria que fossem ordenados; mas eles não são porque não são celibatários.

A pesquisa histórica rigorosamente feita sobre o tema concluiu haver duas fases:

No *primeiro milênio* do cristianismo, a lei básica era: "Quem preside a comunidade, preside também a Eucaristia; podia ser um bispo, um presbítero, um profeta, um doutor, um confessor ou um simples coordenador aprovado pela comunidade". Era impensável uma comunidade ficar sem a Eucaristia pela falta de um bispo ou de um sacerdote. Nessas ocasiões a celebração era feita pelo coordenador da comunidade, como ocorre em nossas Comunidades Eclesiais de base. Vigorava o nexo entre o coordenador da comunidade e a celebração da Eucaristia.

No *segundo milênio*, houve uma reviravolta. As disputas entre o *Imperium* e o *Sacerdotium* deslocaram o tema, passando da comunidade para o poder sagrado. A partir de então, quem detivesse o poder é que consagraria. Os papas reivindicaram o poder sagrado acima do poder imperial. Esse poder sagrado passou a ser conferido pelo Sacramento da Ordem. O nexo que vigora agora é entre quem detém o poder sagrado e quem não o detém. Só quem é ordenado tem o poder de consagrar. O leigo ficou excluído, mesmo sendo coordenador. Agora há a ordem laical e a sacerdotal, dois corpos dentro de um mesmo Corpo.

Ocorre uma contradição: segundo a doutrina vigente, um sacerdote pode celebrar sozinho, sem a comunidade, mas a comunidade não pode celebrar sem a presença do sacerdote. Essa situação é estranha e parece não manter o equilíbrio necessário entre as doutrinas.

Para resgatar esse equilíbrio, é importante e esclarecedor voltar à mais antiga tradição: quem preside a comunidade – seja padre, seja leigo – também preside a celebração eucarística.

Com referência às celebrações eucarísticas das Igrejas cristãs não romano-católicas, parte-se do fato de que nelas se celebra a Ceia do Senhor pelos ministros aceitos pelas respectivas comunidades. A validade dessa celebração não advém do Sacramento da Ordem, via imposição das mãos, feita pelo bispo, sobre o fiel leigo católico que passa, então, a ser sacerdote, com o poder de consagrar.

Para os evangélicos, o poder de celebrar se deriva da fé e da fidelidade à doutrina apostólica acerca da presença do Senhor na celebração da Sagrada Ceia. Quando ela se dá, dá-se também a presença eucarística de Cristo.

O mesmo poderíamos dizer das celebrações nas Comunidades Eclesiais de Base: a fé apostólica na real presença de Cristo no pão e no vinho abençoados pelo coordenador ou por um grupo de coordenadores conferiria o poder de consagrar. Cristo estaria aí presente.

Outro polo de compreensão funda-se *no valor do batismo*, tomado em sua integralidade. É doutrina comum que o batismo é a porta de entrada de todos os sacramentos e conteria seminalmente todos os demais.

Pelo batismo, todos os fiéis participam do único sacerdócio realmente válido, que é o de Cristo. O Sacramento da Ordem não é o sacramento do bispo ou do padre. É o sacramento da Igreja, como comunidade dos fiéis. Se alguém é ordenado no Sacramento da Ordem, é para o serviço à comunidade: coordenação e animação espiritual. Não existe um frente a frente: por um lado o fiel, sacerdote comum, sem poder sacramental algum, e por outro, o sacerdote ordenado, com todos os poderes sacramentais.

O que existe é uma comunidade toda ela sacerdotal e profética, que especifica as funções, sem uma diminuir a outra; uma de consagrar e coordenar, a outra de interpretar os textos sagrados, de se responsabilizar pelos cânticos, de visitar enfermos etc.

Ademais, é doutrina comum que depois do sacerdócio de Cristo não pode haver nenhum outro sacerdócio a título próprio. Por isso, é Cristo quem consagra. O sacerdote não consagra; ele tem o poder de *representar, tornar visível* para a comunidade o Cristo invisível que consagra. O sacerdote não substitui Cristo.

Em uma comunidade bem-organizada, há o sacerdote ou o pastor com essa função. Mas quando estes não estiverem presentes, e sem culpa da comunidade, o coordenador, apontado pela comunidade, pode assumir essa função de representação de Cristo. Ele o faz em comunhão com a Igreja, em uma espécie de *suplet ecclesia*. Essa situação é bastante frequente hoje em dia; daí a importância de se reconhecer a validade das celebrações dos pastores e dos coordenadores leigos, sem pensar em uma ordem paralela àquela oficial, mas pensando no que a Igreja faria estando presente a pessoa ordenada.

Assim, seria mantido o equilíbrio doutrinário e sempre vivo o nexo entre o ministro (ordenado ou não) e a comunidade, que tem o direito divino de receber o Corpo e o Sangue de Cristo.

Conclusão
Sobreviveremos sob a benfazeja luz do Sol

No nosso caminho tormentoso, temos visto várias paisagens; alguma devastadas, outras ridentes. Produziu-se um pessimismo da inteligência que foi superado pelo otimismo da vontade. Iluminaram-nos muitos saberes de várias origens. Tentamos articulá-los de tal maneira que sempre nos deixaram ou uma interrogação aberta ou uma esperança de solução. Mas também apontamos caminhos que devem ser percorridos para nos conduzirem a uma ordem superior, que tornará apetecível viver neste pequeno e belo planeta.

Uma coisa, entretanto, deve ter ficado clara: este tipo de mundo e este jeito de habitar a Terra, desenvolvidos nos últimos dois séculos, não podem ser levados adiante. Trouxeram-nos grandes vantagens. Aliviaram o peso da vida com todas as suas tecnologias. Mas criaram um fosso incomensurável entre o ser humano e a natureza, entre ricos e pobres. Se seguirmos sua lógica, produziremos uma Terra na qual ninguém mais poderá morar. Ela se tornaria inabitável para os seres humanos e para grande parte da natureza.

O destino está em nossas mãos. As soluções não caem do céu; nós teremos de inventá-las. A alternativa para a nossa subsistência neste planeta passa pela nossa vontade e pela capacidade de fazer a *travessia* do paradigma do *dominus* (senhor e dono) para o paradigma do *frater* (irmão e irmã). Ou nos consideremos parte da natureza, sentindo-nos irmãos e irmãs dela, em contínuo cuidando, e irmãos e irmãs entre nós e com toda a comunidade de vida, ou então estaremos pavimentando o caminho para um fim trevoso.

Confiamos e esperamos nas palavras sagradas de um Deus que não pode perder nenhuma de suas criaturas, nascidas de seu amor, e que se apresentou como "o soberano amante da vida". Eis o nosso *otimismo da vontade*: Ele não permitirá que nós, irmãos e irmãs de seu Filho amado, Jesus de Nazaré, morto e ressuscitado, tenhamos um fim tão dramático. Ainda existiremos para brilhar e conviver amigavelmente entre nós e com a natureza, sob a luz benfazeja do Sol e de todas as estrelas.

Referências

BANDEIRA, L.A.M. *A desordem mundial – O espectro da total dominação*. Rio de Janeiro: Civilização Brasileira, 2016.

BOFF, L. *Vida para além da morte*. Petrópolis: Vozes, 2000a.

BOFF, L. *Tempo de transcendência – O ser humano como projeto infinito*. Rio de Janeiro: Sextante, 2000b.

BOFF, L. *Eclesiogênese – As comunidades reinventam a Igreja*. Rio de Janeiro: Record, 2008.

BOFF, L. *Cuidar da Terra, proteger a vida – Como escapar do fim do mundo*. Rio de Janeiro: Record, 2010.

BOFF, L. *Direitos do coração – Como reverdecer o deserto*. São Paulo: Paulus, 2015.

BOFF, L.; HATHAWAY, M. *O tao da libertação – Explorando a ecologia da transformação*. Petrópolis: Vozes, 2012.

DUVE, C. *Poeira vital – A vida como imperativo cósmico*. Rio de Janeiro: Campus, 1997.

HAWKING, S. *O universo numa casca de noz*. São Paulo: Mandarim, 2001.

HIGA, T. *Eine Revolution zur Rettung der Erde*. Xanten: OLV, 2002.

HOBSBAWM, E.J.E. *A era dos extremos*. São Paulo: Objetiva, 1994.

JACQUARD, A.; KAHN, A. *L'avenir n'est pas écrit*. Paris: Boyard, 2001.

LOVELOCK, J. *A vingança de Gaia*. Rio de Janeiro: Intrínseca, 2006.

MARTINS, P.R. (Org.). *Nanotecnologia, sociedade e meio ambiente*. São Paulo: Xamã, 2006.

MIRANDA, E.E. *Quando o Amazonas corria para o Pacífico*. Petrópolis: Vozes, 2007.

MONOD, J. *Et si l'aventure humaine devait échouer?* Paris: Grasset, 2000.

REES, M. *Hora final*. São Paulo: Companhia das Letras, 2005.

Revista Veja, 25/10/2006, páginas amarelas.

SCHMITT, C. *O conceito do político* (1932). Trad. de Á. Valls. Petrópolis: Vozes, 1992.

TEIXEIRA, F. *Sociologia da religião: enfoques teóricos*. Petrópolis: Vozes, 2003.

TOYNBEE, A. *Experiências*. Petrópolis: Vozes, 1970.

VARELA, F.J.; THOMPSON, E.; ROSCH, E. *The Embodied Mind – Cognitive Science and Human Experience*. Cambridge: Mit Press, 2017.

VAN EYDEN, R. Die Frau im Kirchenamt – Plädoyer für die Revision einer traditionellen Haltung. *Wort und Wahrheit*, 22, 1967, p. 350-362.

VIEZZER, M.; GRONDIN, M. *Abya Yala – Genocídio, resistência e sobrevivência dos povos originários das Américas*. Rio de Janeiro: Bambual, 2021.

WARD, P. *O fim da evolução* – Extinções em massa e preservação da biodiversidade. Rio de Janeiro: Campus, 1997.

ZIEGLER, J. *Das Imperium der Schande*. Munique: Pantheon, 2006.

ZOJA, L. *Utopie minimaliste – Un mondo più desiderabile anche senza eroi*. Milão: Chiarelettere, 2013.

Livros de Leonardo Boff

1 – *O Evangelho do Cristo Cósmico.* Petrópolis: Vozes, 1971. • Reeditado pela Record (Rio de Janeiro), 2008.

2 – *Jesus Cristo libertador.* Petrópolis: Vozes, 1972.

3 – *Die Kirche als Sakrament im Horizont der Welterfahrung.* Paderborn: Verlag Bonifacius-Druckerei, 1972 [Esgotado].

4 – *A nossa ressurreição na morte.* Petrópolis: Vozes, 1972.

5 – *Vida para além da morte.* Petrópolis: Vozes, 1973.

6 – *O destino do homem e do mundo.* Petrópolis: Vozes, 1973.

7 – *Experimentar Deus.* Petrópolis: Vozes, 2012 [Publicado em 1974 pela Vozes com o título *Atualidade da experiência de Deus*].

8 – *Os sacramentos da vida e a vida dos sacramentos.* Petrópolis: Vozes, 1975.

9 – *A vida religiosa e a Igreja no processo de libertação.* 2. ed. Petrópolis: Vozes/CNBB, 1975 [Esgotado].

10 – *Graça e experiência humana.* Petrópolis: Vozes, 1976.

11 – *Teologia do cativeiro e da libertação.* Lisboa: Multinova, 1976. • Reeditado pela Vozes, 1998.

12 – *Natal: a humanidade e a jovialidade de nosso Deus.* Petrópolis: Vozes, 1976. [Esgotado]

13 – *Eclesiogênese – As comunidades reinventam a Igreja.* Petrópolis: Vozes, 1977. • Reeditado pela Record (Rio de Janeiro), 2008.

14 – *Paixão de Cristo, paixão do mundo*. Petrópolis: Vozes, 1977.

15 – *A fé na periferia do mundo*. Petrópolis: Vozes, 1978 [Esgotado].

16 – *Via-sacra da justiça*. Petrópolis: Vozes, 1978 [Esgotado].

17 – *O rosto materno de Deus*. Petrópolis: Vozes, 1979.

18 – *O Pai-nosso – A oração da libertação integral*. Petrópolis: Vozes, 1979.

19 – *Da libertação – O teológico das libertações sócio-históricas*. Petrópolis: Vozes, 1979 [Esgotado].

20 – *O caminhar da Igreja com os oprimidos*. Rio de Janeiro: Codecri, 1980. • Reeditado pela Vozes (Petrópolis), 1988.

21 – *A Ave-Maria – O feminino e o Espírito Santo*. Petrópolis: Vozes, 1980.

22 – *Libertar para a comunhão e participação*. Rio de Janeiro: CRB, 1980 [Esgotado].

23 – *Igreja: carisma e poder*. Petrópolis: Vozes, 1981. • Reedição ampliada: Ática (Rio de Janeiro), 1994; Record (Rio de Janeiro) 2005.

24 – *Crise, oportunidade de crescimento*. Petrópolis: Vozes, 2011 [Publicado em 1981 pela Vozes com o título *Vida segundo o Espírito*].

25 – *São Francisco de Assis – Ternura e vigor*. Petrópolis: Vozes, 1981.

26 – *Via-sacra para quem quer viver*. Petrópolis: Vozes, 1991 [Publicado em 1982 pela Vozes com o título *Via-sacra da ressurreição*].

27 – *O livro da Divina Consolação*. Petrópolis: Vozes, 2006 [Publicado em 1983 com o título *Mestre Eckhar*t: a mística do ser e do não ter].

28 – *Ética e ecoespiritualidade*. Petrópolis: Vozes, 2011 [Publicado em 1984 pela Vozes com o título *Do lugar do pobre*].

29 – *Teologia à escuta do povo*. Petrópolis: Vozes, 1984 [Esgotado].

30 – *A cruz nossa de cada dia*. Petrópolis: Vozes, 2012 [Publicado em 1984 pela Vozes com o título *Como pregar a cruz hoje numa sociedade de crucificados*].

31 – (com Clodovis Boff) *Teologia da Libertação no debate atual*. Petrópolis: Vozes, 1985 [Esgotado].

32 – *A Trindade e a sociedade*. Petrópolis: Vozes, 2014 [Publicado em 1986 com o título *A Trindade, a sociedade e a libertação*].

33 – *E a Igreja se fez povo*. Petrópolis: Vozes, 1986 [Esgotado]. • Reeditado em 2011 com o título *Ética e ecoespiritualidade*, em conjunto com *Do lugar do pobre*.

34 – (com Clodovis Boff) *Como fazer Teologia da Libertação?* Petrópolis: Vozes, 1986.

35 – *Die befreiende Botschaft*. Friburgo: Herder, 1987.

36 – *A Santíssima Trindade é a melhor comunidade*. Petrópolis: Vozes, 1988.

37 – (com Nelson Porto) *Francisco de Assis – Homem do paraíso*. Petrópolis: Vozes, 1989. • Reedição modificada em 1999.

38 – *Nova evangelização: a perspectiva dos pobres*. Petrópolis: Vozes, 1990 [Esgotado].

39 – *La misión del teólogo em la Iglesia*. Estella: Verbo Divino, 1991.

40 – *Seleção de textos espirituais*. Petrópolis: Vozes, 1991 [Esgotado].

41 – *Seleção de textos militantes*. Petrópolis: Vozes, 1991 [Esgotado].

42 – *Con La libertad del Evangelio*. Madri: Nueva Utopia, 1991.

43 – *América Latina: da conquista à Nova Evangelização*. São Paulo: Ática, 1992 [Esgotado].

44 – *Ecologia, mundialização e espiritualidade*. São Paulo: Ática, 1993. • Reeditado pela Record (Rio de Janeiro), 2008.

45 – (com Frei Betto) *Mística e espiritualidade*. Rio de Janeiro: Rocco, 1994. • Reedição revista e ampliada pela Vozes (Petrópolis), 2010.

46 – *Nova era: a emergência da consciência planetária*. São Paulo: Ática, 1994. • Reeditado pela Sextante (Rio de Janeiro) em 2003 com o título de *Civilização planetária: desafios à sociedade e ao cristianismo* [Esgotado].

47 – *Je m'explique*. Paris: Desclée de Brouwer, 1994.

48 – (com A. Neguyen Van Si) *Sorella Madre Terra*. Roma: Lavoro, 1994.

49 – *Ecologia – Grito da terra, grito dos pobres*. São Paulo: Ática, 1995. • Reeditado pela Record (Rio de Janeiro) em 2015.

50 – *Princípio Terra – A volta à Terra como pátria comum*. São Paulo: Ática, 1995 [Esgotado].

51 – (Org.) *Igreja: entre norte e sul*. São Paulo: Ática, 1995 [Esgotado].

52 – (com José Ramos Regidor e Clodovis Boff). *A Teologia da Libertação: balanços e perspectivas*. São Paulo: Ática, 1996 [Esgotado].

53 – *Brasa sob cinzas*. Rio de Janeiro: Record, 1996.

54 – *A águia e a galinha: uma metáfora da condição humana*. Petrópolis: Vozes, 1997.

55 – *A águia e a galinha: uma metáfora da condição humana*. Edição comemorativa: 20 anos. Petrópolis: Vozes, 2017.

56 – (com Jean-Yves Leloup, Pierre Weil, Roberto Crema) *Espírito na saúde*. Petrópolis: Vozes, 1997.

57 – (com Jean-Yves Leloup, Roberto Crema) *Os terapeutas do deserto – De Fílon de Alexandria e Francisco de Assis a Graf Dürckheim*. Petrópolis: Vozes, 1997.

58 – *O despertar da águia: o dia-bólico e o sim-bólico na construção da realidade*. Petrópolis: Vozes, 1998.

59 – *O despertar da águia: o dia-bólico e o sim-bólico na construção da realidade*. Edição especial. Petrópolis: Vozes, 2017.

60 – *Das Prinzip Mitgefühl – Texte für eine bessere Zukunft*. Friburgo: Herder, 1999.

61 – *Saber cuidar – Ética do humano, compaixão pela Terra*. Petrópolis: Vozes, 1999.

62 – *Ética da vida*. Brasília: Letraviva, 1999. • Reeditado pela Record (Rio de Janeiro), 2009.

63 – *Coríntios – Introdução*. Rio de Janeiro: Objetiva, 1999 (Esgotado).

64 – *A oração de São Francisco: uma mensagem de paz para o mundo atual*. Rio de Janeiro: Sextante, 1999. • Reeditado pela Vozes (Petrópolis), 2014.

65 – *Depois de 500 anos: que Brasil queremos?* Petrópolis: Vozes, 2000 [Esgotado].

66 – *Voz do arco-íris*. Brasília: Letraviva, 2000. • Reeditado pela Sextante (Rio de Janeiro), 2004 [Esgotado].

67 – (com Marcos Arruda) *Globalização: desafios socioeconômicos, éticos e educativos*. Petrópolis: Vozes, 2000.

68 – *Tempo de transcendência – O ser humano como um projeto infinito*. Rio de Janeiro: Sextante, 2000. • Reeditado pela Vozes (Petrópolis), 2009.

69 – (com Werner Müller) *Princípio de compaixão e cuidado*. Petrópolis: Vozes, 2000.

70 – *Ethos mundial – Um consenso mínimo entre os humanos*. Brasília: Letraviva, 2000. • Reeditado pela Record (Rio de Janeiro) em 2009.

71 – *Espiritualidade – Um caminho de transformação*. Rio de Janeiro: Sextante, 2001. • Reeditado pela Mar de Ideias (Rio de Janeiro) em 2016.

72 – *O casamento entre o céu e a terra – Contos dos povos indígenas do Brasil*. São Paulo: Salamandra, 2001. • Reeditado pela Mar de Ideias (Rio de Janeiro) em 2014.

73 – *Fundamentalismo*. Rio de Janeiro: Sextante, 2002. • Reedição ampliada e modificada pela Vozes (Petrópolis) em 2009 com o título *Fundamentalismo, terrorismo, religião e paz*.

74 – (com Rose Marie Muraro) *Feminino e masculino: uma nova consciência para o encontro das diferenças*. Rio de Janeiro: Sextante, 2002. • Reeditado pela Record (Rio de Janeiro), 2010.

75 – *Do iceberg à arca de Noé*: o nascimento de uma ética planetária. Rio de Janeiro: Garamond, 2002. • Reeditado pela Mar de Ideias (Rio de Janeiro), 2010.

76 – *Crise: oportunidade de crescimento*. Campinas: Verus, 2002. • Reeditado pela Vozes (Petrópolis) em 2011.

77 – (com Marco Antônio Miranda) *Terra América: imagens*. Rio de Janeiro: Sextante, 2003 [Esgotado].

78 – *Ética e moral: a busca dos fundamentos*. Petrópolis: Vozes, 2003.

79 – *O Senhor é meu Pastor: consolo divino para o desamparo humano*. Rio de Janeiro: Sextante, 2004. • Reeditado pela Vozes (Petrópolis), 2013.

80 – *Responder florindo*. Rio de Janeiro: Garamond, 2004 [Esgotado].

81 – *Novas formas da Igreja: o futuro de um povo a caminho*. Campinas: Verus, 2004 [Esgotado].

82 – *São José: a personificação do Pai*. Campinas: Verus, 2005.
• Reeditado pela Vozes (Petrópolis), 2012.

83 – *Un Papa difficile da amare: scritti e interviste*. Roma: Datanews, 2005.

84 – *Virtudes para um outro mundo possível – Vol. I: Hospitalidade: direito e dever de todos*. Petrópolis: Vozes, 2005.

85 – *Virtudes para um outro mundo possível – Vol. II: Convivência, respeito e tolerância*. Petrópolis: Vozes, 2006.

86 – *Virtudes para um outro mundo possível – Vol. III: Comer e beber juntos e viver em paz*. Petrópolis: Vozes, 2006.

87 – *A força da ternura – Pensamentos para um mundo igualitário, solidário, pleno e amoroso*. Rio de Janeiro: Sextante, 2006. • Reeditado pela Mar de Ideias (Rio de Janeiro) em 2012.

88 – *Ovo da esperança: o sentido da Festa da Páscoa*. Rio de Janeiro: Mar de Ideias, 2007.

89 – (com Lúcia Ribeiro) *Masculino, feminino: experiências vividas*. Rio de Janeiro: Record, 2007.

90 – *Sol da esperança – Natal: histórias, poesias e símbolos*. Rio de Janeiro: Mar de Ideias, 2007.

91 – *Homem: satã ou anjo bom*. Rio de Janeiro: Record, 2008.

92 – (com José Roberto Scolforo) *Mundo eucalipto*. Rio de Janeiro: Mar de Ideias, 2008.

93 – *Opção Terra*. Rio de Janeiro: Record, 2009.

94 – *Meditação da luz*. Petrópolis: Vozes, 2010.

95 – *Cuidar da Terra, proteger a vida*. Rio de Janeiro: Record, 2010.

96 – *Cristianismo: o mínimo do mínimo*. Petrópolis: Vozes, 2011.

97 – *El planeta Tierra: crisis, falsas soluciones, alternativas*. Madri: Nueva Utopia, 2011.

98 – (com Marie Hathaway) *O Tao da Libertação – Explorando a ecologia da transformação*. 2. ed. Petrópolis: Vozes, 2012.

99 – *Sustentabilidade: O que é – O que não é*. Petrópolis: Vozes, 2012.

100 – *Jesus Cristo Libertador: ensaio de cristologia crítica para o nosso tempo*. Petrópolis: Vozes, 2012 [Selo Vozes de Bolso].

101 – *O cuidado necessário: na vida, na saúde, na educação, na ecologia, na ética e na espiritualidade*. Petrópolis: Vozes, 2012.

102 – *As quatro ecologias: ambiental, política e social, mental e integral*. Rio de Janeiro: Mar de Ideias, 2012.

103 – *Francisco de Assis – Francisco de Roma: a irrupção da primavera?* Rio de Janeiro: Mar de Ideias, 2013.

104 – *O Espírito Santo – Fogo interior, doador de vida e Pai dos pobres*. Petrópolis: Vozes, 2013.

105 – (com Jürgen Moltmann) *Há esperança para a criação ameaçada?* Petrópolis: Vozes, 2014.

106 – *A grande transformação: na economia, na política, na ecologia e na educação*. Petrópolis: Vozes, 2014.

107 – *Direitos do coração – Como reverdecer o deserto*. São Paulo: Paulus, 2015.

108 – *Ecologia, ciência, espiritualidade – A transição do velho para o novo*. Rio de Janeiro: Mar de Ideias, 2015.

109 – *A Terra na palma da mão – Uma nova visão do planeta e da humanidade*. Petrópolis: Vozes, 2016.

110 – (com Luigi Zoja) *Memórias inquietas e persistentes de L. Boff*. São Paulo: Ideias & Letras, 2016.

111 – (com Frei Betto e Mario Sergio Cortella) *Felicidade foi-se embora?* Petrópolis: Vozes Nobilis, 2016.

112 – *Ética e espiritualidade– Como cuidar da Casa Comum*. Petrópolis: Vozes, 2017.

113 – *De onde vem? – Uma nova visão do universo, da Terra, da vida, do ser humano, do espírito e de Deus.* Rio de Janeiro: Mar de Ideias, 2017.

114 – *A casa, a espiritualidade, o amor.* São Paulo: Paulinas, 2017.

115 – (com Anselm Grün) *O divino em nós.* Petrópolis: Vozes Nobilis, 2017.

116 – *O livro dos elogios: o significado do insignificante.* São Paulo: Paulus, 2017.

117 – *Brasil – Concluir a refundação ou prolongar a dependência?* Petrópolis: Vozes, 2018.

118 – *Reflexões de um velho teólogo e pensador.* Petrópolis: Vozes, 2018.

119 – *A saudade de Deus –* A força dos pequenos. Petrópolis: Vozes, 2020.

120 – *Covid-19 – A Mãe Terra contra-ataca a humanidade: advertências da pandemia.* Petrópolis: Vozes, 2020.

121 – *O doloroso parto da Mãe Terra – Uma sociedade de fraternidade sem fronteiras e de amizade social.* Petrópolis: Vozes, 2021.

122 – *Habitar a Terra – Qual o caminho para a fraternidade universal?* Petrópolis: Vozes, 2021.

123 – *O pescador ambicioso e o peixe encantado – A busca pela justa medida.* Petrópolis: Vozes, 2022.

124 – *Igreja: carisma e poder – Ensaios de eclesiologia militante.* Petrópolis: Vozes, 2022.

125 – *A amorosidade do Deus-*Abbá *e Jesus de Nazaré.* Petrópolis: Vozes, 2023.

126 – *A busca pela justa medida – Como equilibrar o Planeta Terra.* Petrópolis: Vozes, 2023.

127 – *Cuidar da Casa Comum – Pistas para protelar o fim do mundo.* Petrópolis: Vozes, 2024.

Conecte-se conosco:

f facebook.com/editoravozes

◉ @editoravozes

𝕏 @editora_vozes

▶ youtube.com/editoravozes

☎ +55 24 2233-9033

www.vozes.com.br

Conheça nossas lojas:

www.livrariavozes.com.br

Belo Horizonte – Brasília – Campinas – Cuiabá – Curitiba
Fortaleza – Juiz de Fora – Petrópolis – Recife – São Paulo

Vozes de Bolso

EDITORA VOZES LTDA.
Rua Frei Luís, 100 – Centro – Cep 25689-900 – Petrópolis, RJ
Tel.: (24) 2233-9000 – E-mail: vendas@vozes.com.br